全国革命老区县发展史丛书·广东卷

佛山市顺德区革命老区发展史

佛山市顺德区革命老区发展史编委会　编

SPM 南方出版传媒、广东人民出版社
·广州·

图书在版编目（CIP）数据

佛山市顺德区革命老区发展史 / 佛山市顺德区革命老区发展史编委会编. —广州：广东人民出版社，2021.6
（全国革命老区县发展史丛书·广东卷）
ISBN 978-7-218-14650-8

Ⅰ.①佛… Ⅱ.①佛… Ⅲ.①顺德区—地方史 Ⅳ.①K296.54

中国版本图书馆CIP数据核字（2020）第237272号

FOSHAN SHI SHUNDE QU GEMING LAOQU FAZHANSHI
佛山市顺德区革命老区发展史
佛山市顺德区革命老区发展史编委会 编

出 版 人：肖风华

责任编辑：李 敏 罗 丹
装帧设计：张力平等
责任技编：吴彦斌
封底图片摄影：陈家鸣

出版发行：广东人民出版社
地 址：广州市海珠区新港西路 204 号 2 号楼（邮政编码：510300）
电 话：（020）85716809（总编室）
传 真：（020）85716872
网 址：http://www. gdpph. com
印 刷：广州市浩诚印刷有限公司
开 本：715mm × 995mm 1/16
印 张：13.25 **插 页**：8 **字 数**：189 千
版 次：2021 年 6 月第 1 版
印 次：2021 年 6 月第 1 次印刷
定 价：58.00 元

如发现印装质量问题，影响阅读，请与出版社（020-85716849）联系调换。
售书热线：（020）85716826

广东省编纂《革命老区县发展史》丛书
指导小组

组　长：陈开枝（广东省老区建设促进会会长）

副组长：林华景（广东省老区建设促进会常务副会长）

　　　　宋宗约（广东省农业农村厅二级巡视员、广东省老区建设促进会副会长）

　　　　刘文炎（广东省老区建设促进会副会长）

　　　　郑木胜（广东省老区建设促进会副会长）

　　　　姚泽源（广东省老区建设促进会副会长兼秘书长）

　　　　谭世勋（广东省老区建设促进会副会长）

　　　　廖纪坤（广东省农业农村厅总经济师）

办公室

主　任：姚泽源（兼）

副主任：韦　浩（广东省农业农村厅扶贫协作与老区建设处处长）

　　　　柯绍华（广东省老区建设促进会副秘书长）

　　　　伍依丽（广东省老区建设促进会副秘书长）

《佛山市顺德区革命老区发展史》
编委会

冯志棉　北滘镇西海村党委书记

李健章　北滘镇桃村村党委书记

邓润仕　杏坛镇东村村党委书记

编纂小组

组　　长：麦文东　史志工作者

成　　员：韩建纯　顺德区历史文化研究会秘书长

劳联英　顺德区历史文化研究会副会长

总序

在举国欢庆新中国成立 70 周年前夕，中国老区建设促进会王健会长请我为《全国革命老区县发展史》丛书作序，作为一名在老区战斗过并得到老区人民生死相助的老兵，回首往事，心潮澎湃，感慨万千，深感义不容辞，欣然应允。

中国革命老区，是以毛泽东为代表的中国共产党人在领导人民推翻帝国主义、封建主义和官僚资本主义三座大山，争取民族独立和人民解放伟大斗争中建立的革命根据地，在这片红色的土地上，诞生了无数可歌可泣的革命英雄儿女，为后人树起了一座不朽的丰碑，她是新中国的摇篮，是党和军队的根。

在艰苦卓绝的战争年代，老区人民把自己的命运与中华民族的命运紧紧地联系在一起，与中国共产党和人民军队的命运紧紧地联系在一起，他们生死相依，患难与共。我曾亲历过战争年代，并得到过老区红哥红嫂的救助，切身感受到发生在身边的一幕幕撼天动地的革命故事，在那极其艰难的条件下，老区人民倾其所有、破家支前，不怕艰难困苦，不怕流血牺牲。“最后一碗米送去做军粮，最后一尺布送去做军装，最后一件老棉袄盖在担架上，最后一个亲骨肉送去上战场”，这是当时伟大的老区人民为建立新中国做出巨大牺牲的真实写照，它将永远镌刻在中国共产党、中国人民解放军、中华人民共和国的历史丰碑上。他们的光辉业绩永载史册，他们的革命精神必将影响一代又一代的革命新人，造就一代又一代的民族脊梁。

在社会主义革命和建设时期，革命老区和老区人民响应党的号召，面对落后的面貌、脆弱的经济、恶劣的生态环境，他们本色不变，精神不丢，自力更生，艰苦奋斗，干一行爱一行。始终坚持“革命理想高于天”，自觉做共产主义远大理想的坚定信仰者和忠实实践者，勇于向恶劣的自然环境和贫穷落后宣战，他们在各条战线上为国建功立业，用平凡的双手创造了一个又一个不平凡的奇迹，彰显了老区人的崇高精神和人格力量。

在改革开放的伟大进程中，老区人民解放思想，勇于创新，发奋图强，攻坚克难，老区的经济社会建设取得了辉煌成就。特别是在改变中国的面貌、中华民族的面貌、中国人民的面貌、中国共产党的面貌的伟大实践中发挥了至关重要的作用。老区人民既是改革开放的参与者，也是改革开放的推动者。

艰苦练意志，危难见精神。老区人民在近百年的革命战争、社会主义建设和改革开放的伟大实践中，孕育形成了伟大的老区精神：爱党信党、坚定不移的理想信念；舍生忘死、无私奉献的博大胸怀；不屈不挠、敢于胜利的英雄气概；自强不息、艰苦奋斗的顽强斗志；求真务实、开拓创新的科学态度；鱼水情深、生死相依的光荣传统。这是党和人民宝贵的精神财富、丰厚的政治资源，是凝心聚力、振奋民族精神的重要法宝，也是社会主义核心价值观的重要内容。

中国老区建设促进会怀着强烈的政治责任感和历史使命感，组织全国各地老促会人员克服困难，尽心竭力编纂《全国革命老区县发展史》丛书，记录老区的光辉历史和辉煌成就，传承红色基因，弘扬老区精神，是功在当代，利及千秋的一件大事。手捧这部丛书的部分书稿，读着书中的故事，倍感亲切，深感这部丛书具有资政、育人、存史的社会功能，有着重要的时代和历史价值。它是不忘初心、牢记使命的源头活水，是赞颂共产党、讴歌老区人民的一部精品力作，是弘扬老区精神、传承红色记忆的丰厚载体，是一项继承优秀传统文化、弘扬革命文化、发展社会主义先进文化，坚定“四个自信”的宏大文化工程。它必将成为一种文化品牌，为各界人士了解老区宣传老区支持老区提供一部有价值的研究史料。希望读者朋友们能从中了解并牢记这些为党和民族的利益不断奉献的老区人民，从中得到教益，汲取人生奋斗的精神动力。

新时代赋予新使命，新起点开启新征程。让我们更加紧密地团结在以习近平同志为核心的党中央周围，坚持以习近平新时代中国特色社会主义思想为指导，增强“四个意识”，坚定“四个自信”，做到“两个维护”，弘扬老区精神，铭记苦难辉煌。为实现“两个一百年”奋斗目标，实现中华民族伟大复兴的中国梦作出新的更大的贡献！

迟浩田

2019 年 4 月 11 日

2017年6月，中国老区建设促进会组织全国各地老促会启动编纂《全国革命老区县发展史》丛书，按照“建立中国共产党、成立中华人民共和国、推进改革开放和中国特色社会主义事业”三大里程碑的历史脉络，系统书写革命老区百年历史，深入挖掘革命老区红色文化资源，这对于充实丰富中国革命史籍宝库、在新时代传承红色基因、弘扬革命精神、强固根本，对于激励人们在新的历史条件下夺取中国特色社会主义伟大胜利，实现中华民族伟大复兴的中国梦具有重要意义。

丛书编纂以习近平新时代中国特色社会主义思想为指导，以《中国共产党历史》《中国共产党的九十年》等重要文献为基本依据，以党的领导为核心，以老区人民为主体，以老区发展为主线，体现历史进程特征，突出时代发展特色，坚持辩证唯物主义和历史唯物主义相统一、历史真实性与内容可读性相统一的原则，书写革命老区从站起来、富起来到强起来的光辉革命史、不懈奋斗史、辉煌成就史，把老区人民的伟大贡献、伟大创造、伟大成就、伟大精神充分展示出来，形成一部具有厚重历史特征和鲜明时代特色的精品力作。这是一部培根铸魂、守正创新，既为历史立言，又为时代服务，字里行间流淌着红色血脉、催生着革命激情的传世之作。丛书的编纂出版将成为讴歌党讴歌人民讴歌时代、传播红色文化、为革命老区和老区人民树碑立传的重要载体。

丛书按照编年体与纪事本末体相结合、以编年体为主的编写体例确定框架结构；运用时经事纬、点面结合的方式记述史实；坚持人事结合、以事带人的原则处理人与事的关系；采取夹叙夹议、叙论结合以叙为主的方法展开内容。做到了史料与史论、历史与现实、政治与学术统一，文献性、学术性、知识性相兼容。

为编纂好《全国革命老区县发展史》丛书，打造红色文化品牌，中国老区建设促进会认真组织积极协调，提出政治立场鲜明、史料真实准确、思想论述深刻、历史维度厚重、时代特色突出、编写体例规范、篇目布局合理、审读把关严格、出版制作精良的编纂出版总要求，力求达到革命史籍精品的精神高度、思想深度、知识广度、语言力度，增强丛书的权威性和社会影响力。各省（区、市）、市（州、盟）、县（市、区、旗）老促会的同志，以强烈的使命感、责任感和紧迫感，勇于担当，积极作为，认真实施，组织由老促会成员、专家学者等参加的十余万人编纂队伍。编纂工作主体责任在县，省、市组织协调、有力指导、审读把关。各方面人员以高度负责的精神和科学严谨的态度，满腔热情地投入工作，为丛书编纂出版作出了重要贡献。丛书编纂工作还得到了党和国家有关部委、地方各级党委政府及有关部门的大力支持和积极参与，社会各界也给予了热情帮助。中共中央政治局原委员、中央军委原副主席、原国务委员兼国防部长迟浩田上将，对老区人民怀有深厚感情，对革命老区建设发展十分关注，欣然为《全国革命老区县发展史》丛书作总序。

丛书由总册和1599部分册（每个革命老区县编纂1部分册）组成，共1600册。鉴于丛书所记述的史实内容多、时间跨度长和编纂时间紧，不妥之处，敬请批评指正。

中国老区建设促进会

20世纪50年代拆建天后庙，改建为学校

20世纪80年代将天后庙所在地恢复为云路乡农民协会旧址

中共顺德县支部遗址

西山庙正门——顺德县农民自卫军干部学校旧址

顺德农民自卫军干部学校旧址展厅

大良街道蓬莱路罗氏大宗祠——大良女工夜校旧址

顺德第一中学大良初中部——顺德县农民协会和顺德县总工会遗址

北滘镇桃村村袁氏大宗祠——中共南番中顺中心县委军政干部训练班旧址

中共珠江三角洲地方工作委员会机关旧址

北滘镇碧江振响楼——叶剑英发表抗日演讲旧址

文武庙——西海军民抗击日军战斗旧址

顺德区陈村镇水枝花渡口——吴勤遇害地点

旧寨塔旧貌

旧寨塔近景

顺德县革命烈士纪念碑

乐从镇水藤五烈士纪念碑

西海抗日烈士陵园

顺德抗日战争文物陈列馆

西海石尾岗——西海大捷战场遗址

位于伦教街道的三洲抗日烈士纪念碑

杏坛镇东村革命老区纪念碑

横岸村

绿道村

桃村村

西海村

大洲村

乌洲村

东风社区

容里社区

东村

目录 Contents

序　言 / 001

第一章　区域和革命老区概况 / 001

第一节　基本情况 / 002

一、建制沿革 / 002

二、行政区域 / 003

三、自然资源 / 004

第二节　经济社会发展 / 006

一、“桑基鱼塘”的生态农业和举世闻名的蚕丝业 / 006

二、崛起的“三高”农业和制造产业 / 008

三、蓬勃发展的第三产业 / 009

四、日益完善的城市基础设施建设 / 010

第三节　革命老区的评定与分布 / 012

一、富有光荣的革命传统 / 012

二、革命老区的评定 / 013

第二章　大革命时期的顺德 / 017
第一节　党组织的创立和工人运动的发展 / 018
一、顺德党组织的创立 / 018
二、工人运动 / 019
第二节　风起云涌的农民运动 / 024
一、农潮的突起 / 024
二、顺德农民自卫军 / 028
第三节　抗击“四·一五”反共“清党” / 034
一、严峻的局势 / 034
二、坚守红旗不倒 / 035

第三章　抗日战争时期的顺德 / 037
第一节　抗日战争初期的形势 / 038
一、抗日救亡运动 / 038
二、叶剑英、郭沫若在碧江的抗日活动 / 039
三、顺德沦陷 / 041
第二节　中共顺德地方组织的恢复和抗日武装的建立 / 043
一、中共南番中顺中心县委的成立 / 043
二、发展壮大中的抗日武装部队 / 046
第三节　西海抗日游击基地的形成 / 052
一、西海抗日基地的建立 / 052
二、西海战斗 / 055
三、西海军民反“扫荡” / 059
四、西海抗日救国妇女会 / 061
五、留守西海的斗争 / 064

第四节 敌后抗日游击斗争的开展 / 066

一、吴勤遇害 / 066

二、三战林头 / 068

三、激战广教 / 071

第五节 抗日民主政权的建设 / 073

一、老区人民的血肉情 / 073

二、抗日民族统一战线 / 075

三、都粘乡民主新乡政和乌洲人民联乡办事处的成立 / 078

第六节 夺取抗日战争的胜利 / 082

一、广游二支队重返西海 / 082

二、打破日伪军的“扫荡”围攻 / 083

第四章 武装斗争的发展和顺德的解放 / 087

第一节 恢复和发展武装斗争 / 088

一、中共组织的重新发展 / 088

二、建立革命据点 / 090

三、发展、壮大人民武装力量 / 093

四、创立“白皮红心”政权 / 094

第二节 发动工农反压迫、反饥饿的斗争 / 099

一、发动糖厂工人罢工 / 099

二、华丰沙农民反“清乡”斗争 / 100

三、反“三征”斗争 / 102

第三节 党组织的进一步发展 / 104

一、中共顺德县级领导机构的建立 / 104

二、地委机关进驻容桂地区 / 105

第四节　顺德的解放 / 107
一、统战工作的广泛开展 / 107
二、成立顺德人民起义军 / 109
三、组建粤赣湘边纵队顺德独立团 / 110
四、人民解放军占领大良 / 112

第五章　建设发展时期 / 115
第一节　老区建设 / 116
一、经济建设 / 119
二、发展教育、文化事业 / 123
三、基础设施建设 / 125
第二节　全县（市、区）建设发展 / 128
一、恢复国民经济 / 128
二、开始社会主义经济建设 / 129
三、全面推进社会主义现代化建设 / 132
四、全面推进小康社会建设 / 135

附　录 / 139
附录一　历史文献 / 140
附录二　红色歌曲、歌谣 / 151
附录三　重要革命人物简介 / 156
附录四　大事记 / 173
附录五　革命遗址的保护与开发 / 184

后　记 / 192

序言

中国共产党从成立之日起，以永不懈怠的精神状态和一往无前的奋斗姿态，为中华民族谋复兴，为中国人民谋幸福。在中国共产党的领导下，顺德人民为中国革命和建设事业，作出了极大贡献。

顺德是全国最早成立党组织的地方之一。中共顺德组织成立后，就大力开展工人运动，并点燃了农民运动的星火，青年团工作也取得了显著成绩。顺德的工人、农民运动，如狂风似巨澜，席卷顺德大地。在抗日战争时期，中国共产党领导下的人民抗日武装，开辟敌后战场，建立抗日游击根据地，抗击和牵制珠江三角洲日伪军，取得“西海大捷”的辉煌胜利。全面内战爆发后，根据中共中央1946年11月关于华南地区恢复和发展武装斗争的指示，顺德党组织迅速恢复和大力开展武装斗争，开创农村根据地，开展统一战线，发展壮大人民的革命力量，配合南下大军解放顺德。中华人民共和国成立后，顺德人民探索社会主义建设，改革开放先行一步，人民生活总体上达到小康水平。

在几十年革命斗争中，顺德老区人民坚定信念，不断战胜各种艰难困苦，前仆后继，勇往直前；许许多多的共产党人不为官、不为钱，不怕艰苦，不怕牺牲生命，真正做到为共产主义信仰奋斗献身。革命斗争中形成的优良传统和革命精神，是一笔宝贵的精神财富和丰厚的政治资源。我们要永远珍惜、永远铭记老区和老区人民的贡献，继承和发扬老区人民的光荣传统。在中国共产党成立100周年之际，我们编撰《佛山市顺德区革命老区发展史》。本书根据习近平新时代中国特色社会主义思想的历史观，坚持历史连续性与阶段性的统一，历史宏观与微观的统一，以人民为中心与充分肯定历史人物的统一，历史事件本质与现象的统一，尊重客观规律与发挥主观能动性的统一，历史的全面的发展的观点的统一，回顾几十年革命老区艰苦奋斗、发展壮大的历史，总结老区建设发展的经验，展示老区建设的成就，传承红色基因，为历史立言，为时代讴歌，为发展聚力，弘扬老区精神，不忘初心，牢记使命，与时俱进，具有重要的意义。

中共中央总书记习近平指出：革命老区是党和人民军队的根，我们永远不能忘记自己是从哪里走来，永远都要从革命的历史中汲取智慧和力量。让我们以习近平新时代中国特色社会主义思想为指导，为实现“两个一百年”奋斗目标，把顺德建设得更加文明富裕美丽，为实现中华民族伟大复兴的中国梦不懈奋斗！

佛山市顺德区革命老区发展史编委会

1

第一章

区域和革命老区概况

第一节 基本情况

一、建制沿革

佛山市顺德区位于珠江三角洲腹地，东邻广州市番禺区，南与中山市交界，西南与江门市新会区隔江相望，西、北与佛山市南海区和禅城区接壤。该地区春秋战国时期为百越地；秦代起，属南海郡番禺县；五代南汉，属南海县分出的咸宁县；宋初，撤咸宁县，重归南海县；元代至明初，沿袭宋制。明英宗正统十四年（1449年）春，南海县冲鹤堡（今属顺德区勒流街道）番村黄家庄人黄萧养聚集民众，在当地揭竿起义。起义失败后，景泰三年（1452年）4月27日，朝廷为了加强对起义地区的管治，将南海县的东海、马宁、鼎安、西淋4郡37堡，新会县的白藤堡（1958年10月复归新会县）划出，设置顺德县，取“顺天威德”之意。

顺德建县后至清末，均属广州府管辖。民国二年（1913年），广东实行省、道、县三级建制，顺德归属粤海道。民国十四年（1925年），省、道、县三级制改为省、县两级，由省政府派出临时机关——行政公署，顺德归属南海行政公署。抗日战争时期，广东省划分为9个行政督察区，顺德归属第一行政区。抗日战争胜利后至中华人民共和国成立前，广东省设11个专署行政督察区和省政府直接督察区，顺德归属省政府直接督察区。

1949年10月1日中华人民共和国成立后，顺德归属珠江专区；1952年11月属粤中行政区；1956年后属佛山专区（1970年下半年后改称佛山地区）。1983年6月，佛山地区和佛山市合并为地级佛山市后，顺德隶属佛山市。1992年3月26日，顺德撤县设市。2002年12月8日，佛山市行政区划调整，顺德撤市改区。2010年9月29日，广东省人大常委会赋予顺德区行使地级市行政管理权。2011年1月29日，中共广东省委和省人民政府确定：顺德区为省直管县试点。

二、行政区域

顺德设县后，建制为都、堡、图、村四级。明万历十年（1582年），全县设3都、40堡、159图、297村。清初，行政区划沿袭明制。清乾隆二年（1737年），顺德划分为3都、40堡、176图、302村。光绪三十四年（1908年），调整行政建制，全县共分10区、217村。民国初年，沿袭清末建制。民国二十一年（1932年），全县设10区、193乡。民国二十九年（1940年），全县10个区合并为3个区。民国三十六年（1947年）7月，全县设6个指导区，辖7镇、38乡、1125保、10787甲。民国三十八年（1949年）9月，全县重新分为10个区，辖39乡、7镇。

中华人民共和国成立后，1950年，顺德县设10个区、2个区级镇。区下设57乡、2个乡级镇、7个居民区、269个村；1954年，调整为79乡、4个乡级镇，大良、容奇2个区级镇维持不变。1956年4月，10个区以地为名，分别为府又区、伦教区、陈村区、仙涌区、乐从区、勒流区、龙江区、齐杏区、均安区、桂洲区，及大良镇和容奇镇，辖42乡、5个乡级镇。1958年10月，顺德实行人民公社化，全县划分为大良、伦教、陈村、沙滘、勒流、龙山、杏坛、均安、容桂、凤城10个人民公社，辖135个生产大队及5个农场；当年12月，与番禺县合并为番顺县；1959年6月，恢复顺德县建制；1961年5月，调整人民公社规模，全县规划为10个区，辖37个人民公社、393个生产队，凤城、容奇恢复为区级镇；1963年1月撤区，恢复11个人民公社建制，分别为大良、伦教、陈村、北滘、沙滘、勒流、龙江、杏坛、均安、桂洲和水上人民公社，以及大良镇、容奇镇，辖175个生产大队、707个自然村；1983年11月，撤销人民公社，恢复乡镇建制，全县设10区、2个区级镇、220个乡、14个乡级镇；1987年2月，撤区建镇，全县设锦湖、伦教、陈村、北滘、乐从、勒流、龙江、杏坛、均安、桂洲、大良、容奇12镇；1991年，全县设大良、容奇、伦教、北滘、乐从、勒流、龙江、杏坛、均安、桂洲等11个镇，分辖220个管理区、1 838个行政村、26个街区、140个居民区。随着乡村的城镇化发展，1992年3月顺德撤县设市，部分行政村改为社区，部分镇改为街道。2000年2月，容奇镇、桂洲镇合并为容桂镇（2003年1月改为容桂街道）。至2016年，顺德设大良、容桂、伦教、勒流4个街道和北滘、陈村、乐从、龙江、杏坛、均安6个镇，设社区96个、村108个。

三、自然资源

顺德地处南亚热带气候，雨量充沛，气候温和，阳光充沛，据1961年至1991年测算，区域年均日照时数1 859.6小时，冬无严寒，夏无酷暑，四季如春，常年平均气温22.6℃。在806平方公里土地上，大部分是江河冲积而成的平原，土地肥沃，据1996年版的《顺德县志》记载，土质良好的水稻土壤占耕地面积的98.2%。顺德的水产资源十分丰富，有著名的“四大家鱼”（鲩鱼、鳙鱼、鲢鱼、鲮鱼），还有鲥鱼（俗称“三黧”）、鲈鱼、河鳗、黄鳝等30多个种类。得天独厚的自然地理环境，为顺德农业经济发展创造了有利的环境。顺德江河交错，珠江主干流——西江和北江穿越全境，水域面积达37.4%，年过境水量概算达1 504亿立方米，四通八达的水上交通给顺德内外贸易提供优越的环境。从秦汉起，顺德就有人居住，人们在这里劳动、生息，发挥优势，创造推动着历史的发展。

第二节 经济社会发展

一、“桑基鱼塘”的生态农业和举世闻名的蚕丝业

顺德地处珠江三角洲的腹地，是祖国南方富庶的地方之一，也是经济发达文化昌盛的地区，是中国改革开发的前沿阵地。智慧、勤劳、勇敢的顺德人民，在这片土地上创造了发达的农业、手工业，培育了融汇中外的顺德文化，顺德的“桑基鱼塘”生态农业和缫丝工业闻名于世。

早在西汉时期，顺德部分地区已经开始农耕生产。到了宋代，大规模围垦造田，种稻养鱼，栽植果木和桑树。明代，顺德农业形成桑基鱼塘生产态势。清光绪期间，商业性农业比明末清初有较大的发展，农业经济作物种类越来越多，面积较大。全县耕地91万亩（1亩≈666.67平方米），其中桑基30万亩，为手工业行业作坊工场的出现，创造了有利的条件。19世纪90年代，顺德成为广东省重要缫丝生产基地。全县机器缫丝厂发展至100家以上，拥有6万多产业工人，超过了当时上海和天津产业工人的总和。到20世纪初，规模较大的机器缫丝厂超过200家，占广东省总数的20%，工人达20万多人，蚕茧产量占全省的48.4%，被誉为“南国丝都”，成为我国最早出现民族工业经济的地方之一。随着农业、手工业商品性生产的发展，商业也得到相应的发展。咸丰年间全县有圩市87个，至光绪年间增至137个。陈村是珠江

三角洲重要的谷埠，每日运送粮米船艇有200多艘；容（奇）桂（洲）地区是顺德重要茧丝集散地，有茧栈店铺超过200家。但是，由于世界资本主义经济危机的影响，特别是日本帝国主义的侵略，顺德经济急剧衰落。1930年后，因受国际市场影响，缫丝出口大幅下滑，大量桑基改植甘蔗及柑、桔、柚、水稻，形成蔗基鱼塘、桑基鱼塘、果基鱼塘和稻田并存的生产结构。抗日战争期间，工农业遭受严重破坏。据统计，1940年全县开耕土地仅有56.3万亩，大批工厂倒闭，民不聊生。

中华人民共和国成立后，在中国共产党的领导下，顺德在建立人民政权、稳定社会秩序的同时，进行农村土地改革和城市民主改革，恢复和发展经济。通过土地改革，实现耕者有田，全县农村生产迅速好转，形成稻、蔗、桑、果、鱼均衡发展的态势。1953年，全县收获稻谷32 545吨、糖蔗556 391吨、蚕茧4 076吨、塘鱼29 853吨，分别比1949年增长56%、74%、37%、26.7%。50年代中期至1978年，农业按国家计划安排生产。农业生产以甘蔗、蚕桑、塘鱼为主。1978年，全县耕地75.38万亩，其中稻田136 541亩、桑地73 574亩、蔗田162 383亩、鱼塘247 469亩、水果19 739亩、蔬菜66 545亩、花生47 602亩；农业总产值8.16亿元，其中种植业4.328 9亿元、林业160万元、牧业2.007 3亿元、副业540万元、渔业1.692 2亿元。与此同时，重新振兴蚕丝业，至1956年，顺德有省管国营缫丝厂4家，公私合营丝厂5家，县管丝厂2家，职工共有8 790人。1957年顺德生丝产量698吨，占全省的九成以上，到1975年达1 254吨，为中华人民共和国成立后最高产量。同时，顺德大力发展制糖业和机械制造业，1957年产糖5.66万吨，1980年达9.2万吨，形成以缫丝为主，编织、制糖、机械等行业的工业经济。

二、崛起的“三高”农业和制造产业

1978年12月，中共十一届三中全会胜利召开后，顺德人民把握机遇，深化改革，扩大开放，以经济建设为中心，经济社会迅速发展。随着城乡一体化及城市化的推进，农业在三大产业中的比重逐年下降，但农业总产值却连年逐步上升，农业向产业化发展，基本形成以优质水产养殖业为龙头，种、养、加工相结合，产、供、销“一条龙”的现代农业体系。鳗鱼、加州鲈、桂花鲈、白鲳鱼、甲鱼等优质高值水产养殖面积不断扩大，花卉业和优质禽畜养殖业发展很快，并成为农业支柱产业。农业综合开发成效显著，形成以陈村花卉世界为龙头，辐射整个陈村镇以及北滘镇、伦教街道、勒流街道；旅游农业逐渐兴起，影响较大的有陈村花卉世界、龙江新世纪农业园、均安生态园等，把顺德人文、珠江水乡和现代经济发展融为一体。1999年起，顺德推广蔬菜无公害种植，确保地方农产品的生产质量，在大良、乐从、北滘等街、镇建立起5个生产示范基地，申报注册“顺宝牌”黑毛节瓜、“花溪牌”江南淡口头菜和“顺冠牌”咸淡水草鲩等3个无公害农产品商标，还注册“顺菊牌”伦教菊花和“连杜牌”勒流桃花2个花卉商标。传统的蚕桑业、蔗糖业因经济效益比较低而告终结。2002年，农业总产值50.39亿元，2017年为88.72亿元，2018年达92.44亿元。

1979年后，顺德大力发展乡镇企业、“三资”企业和私人企业。通过20世纪80年代产业结构调整，逐步收缩缫丝、制糖、农机产业，大力发展家用电器、金属制品、机械、纺织、塑料制品、服装、家具、食品等产业。1993年至2002年，经过新一轮的产业结构调整和科技创新，顺德形成以家电制造业为龙头，家具、化工、机械、医药、纺织、信息产品为主体的产业结构，52

家企业被定为广东省高新技术企业，信息装备、电子通信、光纤通信电缆等产业初具规模。顺德拥有科龙、容声、美的、万家乐、格兰仕5个中国驰名商标，容声电冰箱、美的家用分体空调、科龙家用分体空调、格兰仕微波炉、万家乐燃气热水器、万和燃气热水器6个中国名牌产品，26个广东省著名商标和11个广东省名牌产品。2003年后，顺德进一步优化工业结构，做大做强企业，形成家用电器、电子通风、机械装备、纺织服装、精细化工、医药保健、包装印刷、家具等八大支柱产业和特色产业，整体推进技术进步，以向新技术开发为核心工业园区建设迅速发展，形成产业集群发展态势，从“顺德制造”向“顺德创造”方向迈进。

三、蓬勃发展的第三产业

20世纪80年代，第三产业发展相对滞后。1992年顺德设市后，加强三大产业结构调整，促使商贸、旅游业快速发展，建成乐从家具城、陈村花卉世界、伦教木工机械城等闻名全国的专业市场，与各种农贸市场和百货商场等构成多种类、多功能、多层次的覆盖城乡、辐射国内外的商业市场网络；金融、保险、房地产、旅游、中介服务等同步发展。1999年后，城市经济的确立，给第三产业注入强大的活力。连年举办的全国乃至国际性的花卉、家用电器、家具博览会，及电子信息、木工机械等会展，形成强大流通渠道，进一步推动顺德产品走向全国、走向世界。2005年，顺德实施“三三三”产业发展战略，提升第三产业发展，进一步优化第三产业内部结构，增大物流、金融、会展、中介、信息等新兴服务的比重。新城区嘉信城市广场、乐从豪达名车城、大良大福源超市、和顺联国际机械城、容桂天佑城、龙江盈信城市广场、亚太国际木业城等一批大型商业中心相继建成。

吉之岛、百佳、屈臣氏、佐丹奴、麦当劳、肯德基等外资和港澳台商贸连销企业在顺德设立网点。国内的民润真实惠、新一佳、亚达万客隆、苏宁、国美也相继进驻各街（镇）区以至乡村，形成一批各具特色，以综合市场、大型酒店为主体，周围聚集有较多商店，集购物、饮食、住宿、旅游、娱乐于一体的商业圈，顺德商贸业向着流通社会化、市场化、集团化和现代化方向推进，以商流、物流、信息流为主的商业现代化流通技术开始应用。美的、格兰仕等大企业相继在欧洲、美洲、亚洲等主要城市设立分支机构。2018年，全区社会消费品零售额971.9亿元、外贸进出口总值1 867.54亿元、旅游业收入171.42亿元，金融机构各项存款余额5 016.08亿元、各项货款余额3 267.77亿元、保险业保费收入133.6亿元。

四、日益完善的城市基础设施建设

随着现代化建设的开展，顺德实施“以桥养桥”“以路养路”“以电养电”的模式，推进基础设施建设。1984年，顺德引入澳（门）资，建起广珠公路上的三洪奇、容奇、细滘、沙口大桥，改造提升广珠公路；三（洪奇）乐（从）、（大）良龙（江）、（大）良杏（坛）、均安至小榄公路。1992年1月开始，当地修建佛陈公路、碧桂公路和顺德立交桥、西海大桥、德胜大桥等“五路八桥”，及全长115公里的一级公路，成为国内第二个村村通公路的县级市。其后，顺德又新建一、二级乡村公路200公里，与国道、省道连接成四通八达的网络。1991年至2000年，105国道顺德段被改建成国内国道路面最宽、标准最高的优良路段之一。此后，京珠高速公路、佛山一环先后建成通车。2018年，公路可通车里程1 283.58公里、公路密度159.25公里/百平方公里。

20世纪90年代开始，顺德以新城区建设为重点，推进城市建设。至2002年城镇建设区面积74.5平方公里，城市化水平55.8%。2003年，顺德以组团化模式，建设大良、容桂、伦教三大中心城区，至2008年初具规模。行政服务中心、演艺中心、图书馆、德胜广场、顺峰山公园等一批市政公共设施相继投入使用；北滘、乐从、陈村、龙江、勒流等镇城市化水平进一步提升，缩小城镇之间的差别，成为顺德现代化城市新形象的最集中体现。

顺德每天有4班次双体快速喷射客船来往于香港，建成容奇港、北滘港两个直航香港、转口世界的集装箱货运码头；建成较为先进的电信、广电光纤基础通信网络体系，光纤覆盖到每条乡村，电话用户539.32万户，其中移动电话471.86万户，建成区、镇、村三级电子政务网络平台。全区水电供应充足，自来水普及率100%。水利堤围达到50年一遇防洪标准，所有大堤全天候通车。1991年至2002年，电力建设投入15.43亿元，新建11万伏变电站7座、22万伏变电站1座，全面更新改造农村电网，实现城乡同网同价。

1986年至1989年，顺德先后被评为全国基础教育先进县、省校建设特级县、全省首批普及初中教育县、全国幼儿教育先进县。1997年，全市普及高中教育，高等教育入学率达40%。2002年，顺德职业技术学院建成开学，顺德被评为全省首批教育强市和全国特殊教育先进市。

2012年11月，中共十八大胜利召开，标志着中国特色社会主义建设进入新时代。顺德提出加快构建现代化产业体系，大力建设高品质现代化城市，全力推进镇村新一轮振兴发展的目标，要继续深化改革和创新，以体制创新、科技创新、扩大开放为动力，以提高人民群众生活水平为目的，共建共享和谐美丽顺德，决胜全面建成高质量小康社会，开启顺德现代化建设新征程。

第三节 革命老区的评定与分布

一、富有光荣的革命传统

顺德人民具有革命光荣传统，富有爱国爱乡的情操和不屈不挠的革命精神，不甘屈服于反动统治阶级的压迫，不甘屈服于帝国主义侵略。明正统十三年（1448年），冲鹤堡农民黄萧养举起义旗，聚众10万余人，揭竿起义，反抗地主豪绅残酷剥削压迫，席卷珠江三角洲，震动明朝统治者。明清易代之际，龙山堡举人陈邦彦招募兵马，浴血奋战于珠江三角洲各州县，沉重打击了贵族军队。鸦片战争时期，顺德建立抵御外敌的武装组织，与三元里人民的抗英斗争相呼应，东路营勇在黄纵塘和三宝圩痛击英军。咸丰年间，潭村人何禄在东莞石龙首举两广天地会义旗，点燃反抗清朝反动统治的烈火，县内民众奋起响应，组织红巾军，一举攻占县城。清代末期，尤列秘密发动县人参加推翻清朝反动统治革命。辛亥革命时期，全县组织起18路民军，挺进佛山和广州，策应广东光复。1921年中国共产党成立后，顺德是广东省最早设立中共基层组织的地区之一。农民运动迅速开展，势若燎原，全县有农民协会会员4万多人、农民自卫军2 000多人，其声势、规模与海丰、陆丰等县不相上下，工人运动也十分活跃，20多个行业工会和县总工会相继成立，与农民运动相互呼应。

抗日战争时期，为反抗日本帝国主义侵略军的进攻，中国共产党在顺德的西海、桃村、大洲、乌洲等村开展武装斗争，并建立革命政权。解放战争时期，为推翻国民党反动统治，中国共产党在容里、东风、东村建立“白皮红心”的政权，开展游击战争。自1938年起至顺德解放，革命老区人民在极端艰难困苦的条件下坚持斗争，为人民解放和革命事业的胜利做出重大的贡献。

二、革命老区的评定

中华人民共和国成立后，从1953年起，根据广东省人民政府的指示，顺德开始评划老区村庄。1957年4月，广东省人民委员会制订评划革命老根据地的标准：在第二次国内革命战争和抗日战争时期，即1927年4月15日（国民党反动派在广东开始反革命大屠杀的日子）起至1945年8月15日（日本帝国主义宣布无条件投降之日）止，凡曾经在一定时期内（一般为1年以上）建立过革命政权，对敌坚持开展武装斗争的村庄；在中国共产党的领导下建立革命的两面政权和群众组织，对敌开展过公开或秘密斗争而遭受敌人摧残的村庄；虽无建立革命政权，但在共产党领导下建立革命群众组织，对敌开展和坚持过一段时间公开武装斗争的村庄等。以上条件符合其一，可评为革命老根据地。

1957年，根据广东省人民委员会的上述标准，陈村区北滘乡西海、西城、二支、桃村、横岸、绿道村，伦教区大洲乡的一、二、三、四、五、六、七、八、九村及乌洲一、二、三、四、五村被评为抗日根据地。当时，西海、西城、二支户籍1 035户、4 514人，桃村横岸、绿道301户、945人；大洲的一、二、三、四、五、六、七、八、九村户籍934户、4 145人；乌洲的一、二、三、四、五村户籍400户、1 427人。1958年10月，实行人民公社化，西海、西城、二支合并为西海生产大队。桃村、横岸、绿道村合并为桃村生产大队，大洲的一、二、三、四、五、六、七、八、九村合并为大洲生产大队，乌洲的一、二、三、四、五村合并为乌洲生产大队。1959年5月，西海、桃村生产大队隶属新成立的北滘人民公社。

1983年12月，撤销人民公社，恢复乡建制，西海、桃村乡隶属于北滘区，大洲生产大队拆分为大洲、大南、大东乡，乌洲生产大队改为乌洲乡。1985年8月统计，西海乡户籍1 628户、7 560人，桃村乡户籍386户、1 562人；大东乡户籍401户、1 872人；大南乡户籍436户、2 003人；大洲乡户籍600户、2 352人；乌洲乡户籍473户、1 913人。1994年1月13日，根据广东省民政厅《印发〈关于开展评划解放战争游击根据地和确定老区乡镇、老区县工作方案〉的通知》，经省人民政府同意，经佛山市人民政府批准，并上报广东省民政厅备案，容奇镇东风街道、桂洲镇容里管理区和杏坛镇东村管理区评划为解放战争游击根据地。据审批表记载：容里管理区户籍1 197户、4 596人。1946年2月至1949年10月，中共顺德组织在容里建立中（山）顺（德）边地区据点，成立“白皮红心”政权和镇机关党支部、自卫大队，1949年4月后，该地成为中共珠江地委驻地。东村管理区户籍832户、3 616人，1947年11月至1949年11月，东村成为党组织的活动据点和中共顺德县工委的驻地，县工委在该区建立党组织和“白皮红心”政权以及100多人的武装队伍，取得反对国民党“三征”（征兵、征税、征粮）斗争的胜利。东风街道户籍2 435户、8 549人，1948年5月至1949年9月，该地先后建立起中共顺德县十区委员会、容奇镇机关党部和“白皮红心”的镇公所和武装自卫队，积极开展经济活动，为顺德党组织提供活动经费。

1992年9月，大洲、大南、大东、乌洲4个管理区合并为三洲街道。2000年至2002年，容里、三洲改为社区。2018年，顺德区革命老区6个，共有自然村35个，户籍12 994户、47 840人。其中，西海2 534户、10 741人，桃村592户、2 207人，三洲3 208户、12 888人，东风2 265户、6 511人，容里3 385户、11 368人，东村1 010户、4 125人。

第二章
大革命时期的顺德

第一节 党组织的创立和工人运动的发展

一、顺德党组织的创立

1921年7月，中国共产党在上海成立后，中国劳动组合书记部广东分部和中共广东区委先后派遣共产党员刘尔崧和冯菊坡（顺德伦教人，中共广东区委执行委员会成员）到顺德，开展党组织发展工作。刘尔崧到大良后，以“爱群通讯社”记者身份，与工人交朋友，积极培养革命骨干，在炭业工人李民智、建筑工人罗溢等人协助下，开办工人夜校。夜校不收学费，还免费发放课本，刘尔崧主持讲课，教工人识字、唱歌。他一边向工人传授文化知识，一边宣传社会主义、介绍马克思主义和俄国十月革命，启发工人群众争取解放的觉悟。

随后，冯菊坡和中国社会主义青年团广东区委执行委员施卜，以“新学生社”名义，在大良先后深入炭业、篦业、建筑业、爆竹业、米业、酒楼茶室接触工人，宣传马克思主义，培养李民智、罗溢、罗享、龙乃武、郭竹朋等一批无产阶级的先进分子，并作为团组织的发展对象。

1924年1月，中国社会主义青年团顺德支部成立（次年1月改称中国共产主义青年团顺德支部），地址设于大良北门高社巷3号，支部共4人，李民智任书记，成员有郭竹朋、罗溢、罗享，隶属中共广东区委。同年，团员龙乃武、罗享、郭竹朋、李伯廉、郭新、卢达云、李民智相继转为共产党员。其时党团组织合为一体，团员、党员共处一个支部。在此基础上，1924年11月14日，在广东省党团联席会议上，作出“顺德成立党支部”的决定，由此，中共顺德县支部成立。李民智任支部书记，党员有龙乃武、罗享、郭竹朋、李伯廉、郭新、卢达云。继而，大良云路乡党小组成立，组长为郭竹朋，党员有郭新、梁潮英、梁兴有。

1926年至1927年夏，中共顺德县支部先后在云路、二区、陈村、桑麻、水藤、两龙、酒楼茶室、小涌、新隆、一区、顺德农军干校、大良、顺德中学（含顺德师范学校）、县农会设立14个党支部，共有党员164名。

中共顺德组织从建立之日起，就以战斗的姿态开展工作，积极开展工人运动，注意在农民群众中进行宣传，打击农村封建势力，贯彻国共合作的方针，帮助国民党县部改组，开拓国民革命的新格局，顺德党组织不断发展壮大。

二、工人运动

辛亥革命后，顺德民族工商业有了新的发展。至1921年，全县有大型缫丝厂企（每厂工人有300多人）110多家，1923年增至135家，产业工人达10万多人，无产阶级队伍不断壮大。顺德工商企业普遍实行封建把头制和各种压迫工人的制度。如纺织厂的资本家定下“年老、已婚、有子女、有病、没有投保”的“五不雇”戒律；女工不给产假，不上班不留机位；手工作坊对学徒要收“拜年费”，第一年不让学技术，只为雇主干家务杂活；工人工伤患病就被解雇赶出厂房。伴随社会先进思想的渗入，深受帝国主义、资产阶级和封建势力多重压迫的工人阶级逐渐觉醒，萌生强烈的反剥削、反压迫阶级意识，开始有了零星的、自发性的罢工斗争。1912年，顺德丝纺女工5 000余人，反对资本家以贬值的纸币发放工资，举行罢工斗争。1921年，顺德沙滘新埠、旧云两家纱织厂2 000多名工人联合罢工，要求增加工资。

顺德共产党组织成立后，为了谋取人民幸福，开展轰轰烈烈的工人运动；指出国民党把持的顺德工会，实质上是官僚资本家把持的御用工具，工人阶级要谋求解放，必须要建立起自己的工会组织，启发广大工人的阶级觉悟。1923年，在李民智的领导下，首先建立起炭业、碾谷2个行业工会，随后改组原为广东省总工会顺德支会属下的梳篦、茶楼、建筑、爆竹4个行业工会。

1923年秋，大良顺成隆碾米厂的资本家阻止工人外出参加社会政治活动，一到夜晚就紧锁厂门。11月的一晚，隔邻商店失火，大火蔓延至碾米厂，被困锁的工人无法逃离，造成5死1伤的惨剧。共产党员刘尔崧闻讯从广州赶回大良，发动工人到县公署请愿，强烈要求惩办资方，抚恤死难者家属。中共广东区委负责人阮啸仙以国民党劳动组合书记部的名义发表宣言，声援碾米厂工人的斗争。在社会舆论的压力下，县公署答应工人的要求，责成资方承担经济赔偿，废除限制工人外出的有关规定。斗争取得胜利，工人们也因此深受鼓舞。

1924年4月1日，针对劳动条件恶劣、工作时间冗长和工资微薄的现状，大良酒楼和制饼业的工人联合起来抗争，向资方提出改善工作环境和增加工资的要求。工人的诉求遭到资方拒绝，他们还从外地招工，以填补空缺，企图威逼工人复工。在此情况下，青年团顺德支部发动全县30多家酒楼茶室、饼业400多名工人罢工声援。刘尔崧派人前往中山县，向广大工人揭露资方的阴谋，争取该县工人的同情，广大工人纷纷表示不报名应聘，致使资方的计划落空。与此同时，广州的海味、粮食、理发、海员等各业工人也纷纷声援，他们募捐的现金和大米、冬瓜、梅菜等物资，源源不断地运送到大良，及时发放至罢工工人家中，在全县各行业工会和省城工人的支持和声援下，工潮声势愈来愈大。在这种情况下，国民党省党部责令顺德县长解决工潮，迫使资方答应工人提出的条件：第一，不得任意开除工人；第二，工人有参加团体活动的自由；第三，固定和提高工人的工资待遇；第四，工人有病，应准休假。罢工斗争坚持120天，终于取得了胜利。

1925年3月1日，西滘广顺贞栈缫丝厂几百女工不堪资方拖欠薪金、限制人身自由的压迫，在乡农会负责人区容领导下，举行大罢工。中共顺德支部当即派谭竹山、周冠卿到厂，鼓励指导工人开展罢工斗争。其间，土豪劣绅买凶手谋杀区容，并以护厂为名纠合军阀李福林军队包围厂房，对女工肆行搜身，乘机侮辱妇女，周冠卿、区大妹、区桂3人被拘捕解押广州。李民智和农会得悉后，向县署提出抗议，往广州国民党省党部向廖仲恺报告。在廖仲恺的干预下，军队不得不释放周冠卿等3人，并悬红缉拿凶手。

武力镇压失败后，资方又利用农村封建宗族关系，让所谓“父老”出面，扬言以“出族”“浸猪笼”等手段威吓领导罢工的共产党员区大妹、区桂和区贤。但她们没有屈服，坚持领导工人罢工。1926年1月，迫于社会舆论的压力，及抵受不了罢工带来的巨大经济损失，资方与工人代表在县农会磋商，国民党中央工人部、县农会、县青年农工俱乐部各派代表1人及乡局长区瑾生出面调处，资方当即签字立据，承诺履行下列条款：一，承认女工组织工会；二，恢复原在该厂的工人工作，不得仇视各工人，不得无故滥罚及开除；三，取消刮丝场车丝；四，赔偿去年二月初七工人罢工一日之薪金，另补回损失费500银元；五，赔偿周冠卿、龙懿范花红利是及烧猪1只，重30斤，一万头爆竹2捆，一百头爆竹300包，并登报道歉。西滘广顺贞栈缫丝厂工人的罢工斗争取得胜利。

据1925年4月17日《北方晨报》报道，这期间，为争取增加工资，提高待遇，顺德出现罢工浪潮，并涉及10万余人。在工人罢工斗争中，各行业工人纷纷组建起自己的组织。1925年5月，顺德的鞋业、杂货、绸缎布匹、纸业、油业、金银首饰、木屐、车衣、米业、当铺店员、伦教锦纶丝织、容奇起落货、煤炭以及陈村一带的建筑、绸缎布匹、茶楼、药材、竹器、起落货、碾谷、海员、金银纸、杂货、当铺店员、[illegible]木共32个行业基层工会相继成立，会员人数达12 000多人。1926年春，顺德县总工会成立，负责人为何秋如，会址设于县城县东路胡侯祠（现顺德一中前门）。

工人运动的兴起，引起资产阶级的惊慌和恐惧，他们使出卑劣的手段，散播谣言，诋毁工会，企图破坏工人运动。1926年3月，大良15家丝厂资本家以县总工会强行收取每名工人6角钱作会费为名，克发工人工资，企图煽动工人闹事，一些不明真相的人到县总工会请愿，要求退还所扣的工资。资方暗中布置7名“巡行”（工头），携带手枪，混入请愿队伍，伺机制造混乱，企图枪杀工人领袖何秋如。中共顺德县支部得悉情报后，调集数名青年团员带领30多名工友，抓获7名“巡行”，当众搜出枪械。何秋如顺势说明真相，戳穿资方谎言，知悉受骗的游行人员纷纷斥责资方。在工会的督促下，国民政府拘传15家丝厂资方，责令双倍发还克扣工人的工钱，公开向县总工会及丝厂女工道歉。

1926年10月22日，资方行业组织——广东省锦纶工会伦教第四分部，压制锦伦工会会员增加工资的要求。县总工会组织工人示威抗争，资方即纠集200多人武装包围工人饭堂、宿舍和俱乐部，高呼反对工会、农会口号；捣毁工会会址，开枪射击工人，死伤数十人。随后，锦纶工会吁请各方声援，县总工会顺德报告中华全国总工会，并向广东省民政厅申诉。根据广东省民政厅指令，顺德县政府作出决定，取缔广东省锦纶工会伦教第四分部，扣留资方10余人、监禁歹徒7人，并责令资方向工会谢罪，赔偿工人损失，治疗受伤工人。

1926年11月7日，县总工会、农会及各界人士两万余人，在大良举行庆祝俄国十月革命胜利9周年大会。中共广东区委负责人阮啸仙在大会宣讲十月革命的伟大意义，号召工人、农民、农军团结起来，拿起枪杆，为建立民主、独立、富强的中国而奋斗。11月12日，县总工会又在大良召开纪念孙中山的群众大会，各行业工人1 400余人、农军700多人以及大批学生、妇女、商人、教师等参加，会上阐释孙中山的“三大政策”，并举行示威游行，散发传单，号召各界团结起来，打倒封建主义、土豪劣绅。至年底，顺德各行业工会发展至51个，会员14 812人。

1927年春，因资方拖欠工人工资，大良10多家丝厂工人联合罢工，工会派员与资方交涉，鼓励工人同心协力，团结斗争，并与县农会人员率领农军，扭送资方代表至县公署，迫使资方清发欠薪。同年3月，乐从有5家碾米厂资方停止碾谷，抬高米价，工会派工人纠察队同资方交涉无效，资方指使新隆乡土豪民团捣毁米业工会，枪杀工人纠察队5人。县总工会闻讯，敦促县长通缉凶犯，标封资方米机厂，稳定米价，赔偿死难者家属和工会损失。

大革命时期，顺德如火如荼的工人运动，对于维护工人群众的权益、培养革命骨干、推动国民革命，发挥了重要的作用。

第二节 风起云涌的农民运动

一、农潮的突起

顺德地处珠江三角洲，是富庶的鱼米之乡。但大部分土地为地主占有，而农民则很少土地，或完全没有土地，只能用自己的工具去耕种地主的土地。农民将大部分收获作为地租交给地主，而且常受水旱之灾，兵匪之祸尤为深重。地方士绅土豪打着保护地方、维持秩序的旗号，组织武装民团，借此频向农民强行征收各种名目繁多的费用，有护沙费、更夫费、鱼塘捐、猪厘、火灶铺、埠头钱等，广大农民的生活十分艰苦。因此，顺德的农民对不合理的社会制度潜藏着强烈的反抗心理，对革命的渴求极为急切。

1923年5月，共产党员冯菊坡、刘尔崧，受中共广东区委、团广东区委的派遣，到顺德开展农民运动。他们选择了该县的云路进行农会的筹建工作。这期间，他们深入乡间访贫问苦，传播革命道理，使广大贫苦农民认识到，只有团结起来，依靠自身的力量，才能求得翻身解放。其间，涌现了郭竹朋、郭桂森、郭新、吴桥带等积极分子，他们商议筹组大良农团，以反抗地主、民团强加给农民的杂税，保护农民切身利益。地主富豪惧怕农民力量的发展壮大，不断造谣中伤，以种种借口拖延、阻挠立案，致使农团未能如期成立。

1924年2月10日，阮啸仙深入云路涌，连夜召集该涌40多名青壮农民在社学开会，动员广大农民争取翻身求解放，增强与会者信心，制定农团组织章程11条，明确“以维持种植，自卫农圃，保护农民生命财产”的宗旨，建立农会和农民自卫武装（即“农团”）。3月初，大良农团以“本党（国民党）保护农民之义不背”为宗旨，正式宣告成立，成为顺德县首创的农民自卫组织武装力量，郭竹朋任农会委员长。

1924年7月，彭湃、阮啸仙、毛泽东等共产党员在广州主办农民运动讲习所，除进行严格的政治教育和军事训练外，还深入农村，开展宣传教育，协作组织农会、农军，学习和积累实践经验。至1925年底，顺德先后选送5批35名学员参加学习。1924年8月，第一届学员李民智、郭新、周镇元、李元4人毕业，随即被委任为中央农民部特派员，返回顺德开展农民运动。他们先后在新滘口、蚬肉基、六湾社、白石、细岗、黄岗、古楼22乡、十二亩、石湖涌、伏波、石村、道村成立农会；其中新滘口、蚬肉基、六湾社、白石和细岗农民协会建立农军。农军每队8至10人，装备单响毛瑟、十响毛瑟、七九步枪、六八步枪、大头六火、曲尺、左轮、驳壳等武器。1924年10月，第二届毕业学员22人回县参加农民运动，散落各村，深入农户，组织农会和农军工作。至1924年冬，二区的新地、乌洲的欧家围，三区的路尾围、西海，四区的西滘，八区的凌化、聚胜、蒲洲、北沙等地先后组建农会和农军。

在全县农民运动势若燎原、迅速形成高潮的形势下，1925年4月17日，顺德县第一次农民代表会议在大良召开，会上成立顺德县农民协会（简称“县农会”），址设大良县前东街崇报祠。会议选举郭竹朋为委员长，梁潮英为副委员长，县农会下辖3个区级农会、18个乡级农会，会员4 000余人。县农会会旗为四方印、犁头图案，会员佩戴金属圆形会徽。大会号召全县范围内开展减租斗争，倡导“二五减租”、废除苛捐杂税、反对劣绅把持乡政、收缴民团武器等。

县农会成立后，立即召集各区乡农会，商讨减租有关事宜，废除乡局、劣绅强加于农民的乡勇费、鱼塘捐、塘头捐、桑花捐、田亩捐等各种税项，不准易耕易佃。然而，减租运动直接触犯了地主的利益，地主对农民减租的合理要求不仅不接受，反而采用各种办法与农会相对抗。

为适应农民运动发展的需要，1926年4月，中共顺德县支部在大良西山庙三元宫开办农民自卫军干部学校，中共广东军委委派黄埔军校毕业生詹保华任校长；5月正式开课，学时3个月，第一期招收4个班、240名学员。随后，陈村新圩华光庙分校设立，由中共党员江筠、崔宝田、王德治任军事教官。干校训练课程主要侧重于政治教育和军事训练。农民自卫军干部学校开办至1927年春结束，为顺德县各级农会培养和输送大批军事干部。面对地主民团的袭击和进攻，在中共顺德县支部的领导下，顺德各地农会立即行动起来，以革命武装回击反动势力。一场大规模的武装斗争波及顺德各区乡。

1926年1月，县农会召开全县农工商各界人士代表会议，依据国民党全国代表大会解散压迫农民武装团体的决议，以顺德全县各团体、单位名义，向省国民党军委会所属的团务委员会提出控诉，要求罢免县民团团长吴近职务。反动势力不甘失败，在大良举行民团示威巡行。县农会随即调集400名农军，进行反示威，相持两天后，民团撤退。

10月，容桂地区一班反动地主和民团头目，勾结驻军十五师，策划召开所谓军民联欢大会，在会上散布农军内有土匪的言论，制造到各区乡农会“剿匪”舆论，以达到打击和破坏农会的目的。中共顺德县支部获悉情况后，决定利用大会戳穿地主和反动民团的阴谋。会上，农民自卫军干部学校校长詹保华历数容桂地主勾结土匪、捣毁农会、残害农民、冒充农军打家劫舍的一系列罪行；揭露十五师有的军官包庇纵容地主、民团，还以“剿匪”为名，参与围捕农会会员，欺压农民的事实，并指出：这与孙总理（孙中山）的三大政策背道而驰。这确凿之言，使到会的十五师师长李群哑口无言，只好急忙宣布散会，不敢公布事先准备的所谓《各界拥护十五师剿匪决议书》。

顺德土匪，多如牛毛，常掳人勒赎、打家劫舍、残害百姓。县农会为维护社会治安，保护人民，多次调动农军，追捕和围剿匪徒。1926年，县农会在九区沥沙桑基小溪涌围捕匪徒，解救被掳劫的14名百姓；然后又进入伦教羊额搜捕劫匪，擒获匪首邓祐新、梁流；再兵分两路，一路进入北海，一路开往黎村，围捕匪首严保全。县农会旋又开进熹涌，捕获匪徒林文熹、陈成；未几，又出击左村，夺回马冈农民被劫的耕牛，物归原主。

县农会还积极支援广州地区的革命斗争。1924年10月10日，广州商团叛乱。顺德各地农民协会、农军，响应国民政府关于“组织工农兵学革命大同盟、准备与反革命决一死战”的号召，在县内，严密戒备、监视商团，切断广州商团的顺德外援。1925年6月，驻广东军阀杨希闵、刘震寰，趁北伐军东征后方空虚之机，发动武装叛乱，阴谋推翻广东革命政府，顺德各级农民协会响应省农民协会号召，召集农军1 000余人，候命参加对杨刘平叛的战斗。接着，香港、广州工人举行省港大罢工，中共广东区委抽调李民智、黄泽南、陈叙伦等到广州负责管理罢工工人的后勤和宣传工作，还调动顺德农军协助广州罢工纠察队封锁大良、陈村等各处海口，截留仇货、不准入口，拦截内地奸商、劣绅土豪偷运往香港的货物。每遇广州工人纠察队与匪徒交火时，顺德农军迅速前往支援。在一次战斗中，顺德的杜伦洲、文树辉英勇牺牲。

二、顺德农民自卫军

顺德最早建立的农军为始建于1924年3月的云路涌大良农团。随着革命形势的发展，农民运动风起云涌，以蒋介石为首的国民党反动派到处造谣中伤共产党人，大造“共产党人要颠覆政府”的反动舆论，地主豪绅伺机破坏农民运动，暗杀农会干部并对农会进行突然袭击。为了反击国民党右派和地主豪绅的进攻，1926年4月，中共顺德县支部号召各地农会建立农军，对残酷欺压、剥削和残害人民，破坏农会的反动势力发起反击。至1927年春，全县农军发展至二三千人，成为一支保卫农民运动和震慑反动势力的农民武装。农军的机械来源，一是自购，二是公产祖尝[①]，三是从民团和地主豪绅中收缴。1926年至1927年3月间，顺德农会发起了大小战斗10余次，给地主豪绅和反动民团以沉重的打击。

大良东关局民团督带（队长）谭十二，平日横行乡里、仗势凌人，非常仇视云路乡农会，曾以围捕土匪为名，包围、捣毁乡农会会址，抢去机枪4支，阴谋策划绑架农会执行委员长郭竹朋和买凶谋杀农会干部。1926年2月，李民智、郭竹朋等农会干部，率农军百余人，兵分两路，四面包围谭的住宅，以国民党党部名义公布其罪行，处以死刑。

土霸何惠潮，为仕版乡护沙团大队长，鱼肉乡民，无恶不作，常以各种税目强向农民横征暴敛，不少人被逼得家破人亡、妻离子散。1926年3月，何惠潮率领团勇多人，在新滘口四河口

① 祖尝，旧时大家族为筹集祭祀祖宗所需费用而留出的公田。

伏击、杀害途经仕版乡的农会会长何纯嘏、会员黄卓然和何亨。县农会闻讯后，李民智即调动云路、李地基、新滘口、细岗、南畔等地农军百余人，连夜开赴仕版包围护沙团，擒获其帮凶何锡旺、何文滔、何宏和何章号，何惠潮漏网、逃往他乡。农会随即就地召开群众大会，控诉斗争劣绅何锡旺4人，并没收何惠潮家产抚慰死难家属。

1926年3月12日，高赞乡农会举行成立庆典，该乡劣绅梁哲蕃率武装闯入捣乱、破坏，被激怒的农军冲进忠臣祠内，将其击毙。梁虎臣曾任反动军队李福林部参谋，常勾结福军（即李福林部），以围捕土匪名义，欺压乡民、残害百姓、杀害无辜，恶贯满盈。梁虎臣曾收买张定基一帮土匪，假冒高赞农军进行抢劫，劫后故意留下伪造的农军标志符号，然后着人禀官诬陷农军抢劫。梁虎臣再而勾结福军入村“剿匪”，以欺骗村民，愚弄百姓，陷害农军。是时，李民智召集40余人，秘密包围梁虎臣住宅；翌日，调集云路、李地基、蚬肉基、新滘口、伦教等地农军百余人，突入梁虎臣住宅，将其击毙。李民智随即召开乡农民大会，揭露梁虎臣栽赃诬陷农军的阴谋，历数其罪行，还张贴了《顺德县农民协会告高赞乡农民书》。

1926年秋，县农会派出农军把正在乡里闹事的水藤吴务晓民团和30多名乡丁，包围在关帝庙里，全部缴械后严加训斥，并郑重声明，今后若再胡作非为，当严惩不贷。吴务晓表面唯唯诺诺，暗里纠集分散驻守水藤十一处的民团，偷偷集中到石斗营和北斗营两个炮楼，伺机进攻农军。县农会得报后，即组织各地支援水藤农军，计有沙滘、勒流、龙江、仙塘、逢简，还有南海县吴勤的农军，共三四千人，声势浩大开进水藤，把两处炮楼层层包围。一时鼓声雷动，杀声四起，据守炮楼的乡、团丁吓得龟缩在炮楼内，不敢动弹。劣绅吴务晓、何惠庶乘乱逃命。炮楼内的乡、团丁80余人乖乖缴械投降。水藤农会当即召开群众大会，警告乡、团丁和劣绅，宣布废除苛捐杂税，不准加租夺田。

黄连乡成立农会后，农会不断扩大发展，并建立了农军。该乡恶霸地主阮贡林非常仇视农会和农军，四处造谣中伤、暗中捣乱和进行破坏。勾结土匪吴掌（外号“急肝掌”）、苏汉（外号“大傻汉”），带领百余人，乘夜突袭刚刚组织起来的农军。农会闻讯，调集麻江、黄连两乡农军进行反击，经激战，匪徒溃败。是役，农会伤毙匪徒10余人。阮贡林击败后，心有不甘，密谋卷土重来。农军侦悉阮贡林又纠集黄连、谭义、麻江三乡劣绅，在忠义祠秘密召开会议，再次策划、组织武装偷袭农军。1926年8月9日，农军决定先发制人，由农军谭义、阮勤金率领10余人，包围忠义祠。阮贡林发现已被包围，负隅顽抗，一面拔枪向农军射击，一面指挥四坊民团顽抗，双方展开激战。未几，黄连农军赶来，一时枪声大作，阮贡林措手不及，被祠内的农军生擒活捉，在谭义乡群众的强烈要求下，召开公审大会，处决恶霸阮贡林。

古楼堡北村劣绅李国盛（外号“猪肚盛”），是盘踞在古楼堡的一条毒蛇。他平日勾结土匪，横行霸道，四处强行收取禾票、桑花捐，欺压乡民。大革命的风暴吹到顺德后，古楼堡的新滘口、云路、伏波等村建立农会。李国盛乘机浑水摸鱼，先后纠合各乡劣绅，把持成立十余个假农会，与农会分庭抗礼。细岗附近的伏波、波濛，过往的一切苛捐杂税，均向细岗乡局缴交。县农会成立后，废除了苛捐杂税，但李国盛却以其操控的细岗农会的名义，四处张贴告示强要伏波、波濛两地农民继续缴纳桑票，引起农民强烈不满。伏波农会委员李光明撕下告示，带到区农会请求评理。李国盛的走卒冯恩，立即煽动部分不明真相的农民，造谣说，“伏波农会撕毁细岗农会的告示，就是看不起细岗农会”“若果不赶走这些‘蛋家佬’，我们就会被迫走”。在冯恩的鼓动下，受骗的农民拿着冯提供的毛瑟九响枪，冲向伏波寻衅，一时枪声嘭嘭，鸡飞狗走。县农会闻讯，即派陈克武率云路农军，前往制止，冯恩见状，不敢得罪县农会，即窜回细岗。事后，县农会责令冯恩，不准再生事端，并赔偿伏波村被焚茅屋，冯一一照办。

伏波事件暂告停息，不甘心失败的李国盛，再以其操控的大邑农会的名义，张贴征收新滘口桑花捐的布告。新滘口农会会员吴玲河愤怒撕下布告，拿到县农会要求处理，李国盛的爪牙潘和兴即挑拨是非，煽动说：“新滘口农民撕毁我大邑农会的布告，就是侮辱大邑农民，要赶走新滘口农民方能雪恨。”经潘和兴轮番挑拨，大邑农民各自执起枪械，在潘的指挥下，分三路袭击新滘口农会：一路由潘率领数十人，从大邑直上牛岗，在山顶开枪扫射新滘口茅屋；另一路由土匪何治领古鉴十余人，在鲤鱼岗拦路截击新滘口农民；再一路由李国盛等七人，渡过小河，偷偷摸进新滘口村。其余200多名被欺骗的大邑村民，则登上烟墩岗顶，摇旗呐喊，以壮声势。

新滘口农民即奋起抵抗，调用七生半炮向鲤鱼岗上轰击，以步枪扼守村口，阻止来犯者进入。另由农会委员吴娣率10余人防卫河边，阻止李国盛一伙强渡。吴铨则领十余人坚守围壆。下午4时，枪声大作，相互交火一直至6时始平复。第二天，李国盛勾结古鉴土匪冯铨、六区勒流土匪苏汉，纠合数十人，扬言要洗劫新滘口。县农会感到事态严重，马上召集云路、石湖涌、三河、十二亩、莘基、龙眼、众涌、冲鹤等地农军，防止李国盛等人的阴谋活动。李国盛怯于县农会的威力，不敢造次，只好偃旗息鼓。

李国盛两次阴谋流产后，遂即转换手法，要弄新的阴谋。李不惜捏造事实，颠倒黑白，一手策划、散发“快邮代电”，诬说“新滘口农民霸占埠界，撕毁大邑乡农会布告，抗缴农会经费，侮辱大邑乡农会”，特呼吁各乡农会“主持公道”，并直接向顺德县长、民团总局、省农会、省农工厅“告状”。

在尖锐复杂的阶级斗争中，省农会负责人敏锐地觉察到，这是一起土豪劣绅勾结土匪、讼棍等黑社会人物，有计划、有步骤地挑拨离间农民之间的团结，从中制造摩擦和争端，以达到破坏农民运动的目的。省农工厅经周密调查后，按事实宣布“先开枪放火的就是扰乱社会秩序，就是犯罪”，决定将上访告状的李国盛当场扣押，依法严办；但随后却释放了李国盛。

1927年2月4日，李国盛、潘和兴之流，纠集土匪和受骗农民，分向新滘口、伏波两地进攻，纵火焚毁茅屋10余座。云路、十二亩等地农军出动援救，但龙眼、众涌、连村等地农军却被民团截住，无法开赴救援。县农会的梁庆根、梁子朋即率熹涌农军先赴救援，詹保华则率农军干校学员接应。但对岸围壆早已预伏土匪，詹保华率领学员拼死抵抗，最后寡不敌众，詹保华牺牲。

詹保华牺牲后，县农会召开农会代表会议，酝酿集结队伍，一举摧毁古楼堡的封建堡垒。当正准备调集全县农军，分兵五路出击，适逢“四·一二”反革命政变发生，决战被迫中止。

以廖珃为头目的勒流地主武装民团有200多人，独霸一方，在镇内强征苛捐杂税，包烟包赌，欺压乡民。当地农会成立后，他处处破坏，动用武力，捣毁农会会址，杀害会员5人。1927年3月，在县农会执委梁庆根领导下，组织黄连、勒流、黄麻涌、大晚、稔海、江村、众涌、龙眼、裕涌、谭义等10乡军和县农军1 000余人，兵分4路进攻勒流，围歼廖珃。第一路为大晚、黄连和勒流农军，指挥员梁庆根，下分3队：第一队从大晚出发，第二队从伍地寨出发，第三队从新基出发。第二路为五区水藤和七区龙江、龙山农军，指挥员黄泽南，下分2队：第一队向七层塔前进，第二队向安定围迫进。第三路为陈村、碧江农军，指挥员陈聚伦，配以浅水艇和小钢炮。第四路为龙眼各乡农军，从龙眼出发，指挥员为郭剑华。南海九江也派出农军支援，民团以猛烈的火力狙击，农军几次冲锋均无进展，战斗呈胶着状态。至上午10时，农军由于饥饿，火力稍减，后得大晚农会及时送来百斤大饼充饥，恢复体力，一举冲破民团防线。第二路两队农军从定安围冲入，在槎涌会合后又与第一路第三队汇合，三面猛烈夹攻民团巢鸭屎墩，农军和各路助战农民蜂拥而至。民团大队长廖亮（外号“大只亮”）持枪胁迫民团固守。瞬间，农军冲过河，击毙廖亮。鸭屎墩民团见状一窝蜂溃逃，原在外围支援廖孖的道滘悍匪歪咀裕，仓皇落荒而逃。廖孖情知不妙，即携眷慌忙往三界庙遁逃。第三路农军也由水路及时赶到，与第四路农军胜利会师，没收恶霸地主家财，收缴武器。

大革命时期，顺德汹涌澎湃的农民运动，沉重打击封建地主阶级统治，也为在抗日战争和解放战争时期，中共建立革命根据地，打下了重要的基础。

第三节 抗击“四·一五”反共“清党”

一、严峻的局势

1927年4月12日，蒋介石在上海发动了震惊中外的“四·一二”反革命政变。4月15日凌晨2时，国民党反动派开始在广州实行反革命大屠杀，全广东省都处在白色恐怖之中。顺德党组织遭到严重破坏，党员迅速转入隐蔽状态，做好开展秘密活动的准备。面对反动民团的围打，共产党员和革命群众并没有坐以待毙、任人宰割，而是拿起武器，英勇地奋起反击。5月，反动民团纠合200余人，包围水藤乡，向驻守北营碉楼农军进攻，县农会委员郭剑华和麦指导员率楼上15名农军顽强抵抗，战斗持续了1个小时，敌军未能前进半步。郭剑华迅速指挥10名农军突围，自己和4名队员留下掩护。在子弹打光的情况下，郭剑华、麦指导员和其他3名农军壮烈牺牲，表现出革命者的英雄气概。是年夏，中共广东区委派薛耀英（化名“陈英”）、邱祥霞（化名“邱生”）到顺德联系失散的共产党员，以重建被破坏的党组织。他们先后前往小涌、水藤、新隆、逢简、陈村、碧江、霞石等地寻找隐蔽的党员，并在冯德臣的帮助下，将党的领导机关从大良秘密转移到群众基础好的霞石，继续开展农运工作。7月，中共广东区委派薛耀英到顺德担任县委书记，并在霞石召开党组织会议，成立中共顺德县委员会。党组织分工是：薛耀英任书记，组织委员为梁庆根、陈叙伦，宣传委员为冯德臣、邱祥霞，农运委员为郭竹朋、黄泽南，工运委员为何秋如，交通员为梁棉。随即重新登记党团员，至1927年底，党组织联系上何秋如、梁庆根、冯德臣、黄泽南、何甲、郭竹朋、李程、陈叙伦、朱作霖、郑新志、梁棉、胡乾初、吴玲河、吴娣、梁虾等15名党员，把各地农民协会转为地下秘密组织。

二、坚守红旗不倒

1927年12月，中共顺德县委员会根据上级指示，组建工农讨逆军（梁庆根任总指挥，何秋如为副指挥，黄泽南为参谋），谋划策应广州起义，后因起义提前未能成行。12月11日广州起义失败后，霞石据点暴露，隐蔽在霞石、与中共广东省委保持直接联系的冯德臣被迫撤往番禺县榄核。

1928年2月10日，中共广东省委巡视员阮峙垣到榄核召开顺德县第一次党员代表会议，会议确定榄核为机关驻地，选举产生新一任中共顺德县委员会。李公侠任书记（两周后调省，由冯德臣接任），常委有冯德臣、何秋如、郭竹朋、陈楚泽、胡森、陆德辉，委员有冯德臣、何秋如、梁庆根、梁球、马昭常、郭竹朋、胡乾初（胡志刚）、朱作霖，职工运动委员会主任为何秋如，兵士运动委员会主任为尹锐添，训练委员会主任为罗享。委员会下辖龙眼、小涌、西滘、谦益围、新滘口、鉴海、新地、霞石、上直9个支部。

1928年5月，中共广东省委指示成立中共陈村市委，与中共顺德县委员会并存，隶属中共广东省委。胡森任陈村市委书记，委员有陆德辉、亦怡、党涛、简德。是时，全县有党员205人（其中妇女5人），工人占12%，农民占85%，知识分子占3%；建有支部28个，其中农村支部27个，城镇支部1个，一、二、七、

八、十区成立支委会。据不完全统计，广东“四·一五”反共“清党”后，全县被反动当局枪杀的共产党员有50多人，革命群众有40多人。

在白色恐怖笼罩、斗争形势极端困难的情况下，为了挽救革命，1928年8月，中共广东省委作出“迅速恢复顺德县委”的决定，活动重点定于陈村；组建中共陈（村）顺（德）县委，并确定吕汉泉为书记，梁万为县委委员。在极其困难的情况下，中共顺德县委员会积极开展工作，并取得一定成果。

1929年初，中共顺德县委员会改称顺德县特别支部（简称“顺德特支”），负责人为李开，继续以陈村为中心发展组织。至4月，下设横岸、碧江、勒竹、大浦口4个党支部，党员48人。11月14日，顺德县特别支部改称为顺德县特别委员会，负责人为李开，中共广东省委还派出巡视员吴丙太到顺德协助特委工作。12月2日，顺德县党组织复称中共顺德县委员会，负责人王琪。是年，顺德党组织有县机关、云路、酒楼茶室、陈村、小涌、新隆、龙眼、桑麻、水藤、龙江、龙山、榄核12个支部，党员90人。在与上级失去联系的严酷环境下，顺德共产党员依然信念坚定，不畏艰险，英勇斗争，顽强支撑着顺德革命斗争的局面。

第三章

抗日战争时期的顺德

第一节 抗日战争初期的形势

一、抗日救亡运动

1931年9月18日，日本侵略军制造“九·一八”事变，国难当头，全国人民同仇敌忾，顺德县工联会、商会、妇女会、自治促进会、各学校、各阶层在抗日御侮的救亡呼声中陆续站出来，投入抗日救国的斗争中。9月26日，顺德乡村师范学生率先通电全国，谴责日军“强占沈阳，蚕食全满，毁我国旗，焚我署宅，戮我官民，摧我军备，绝我交通，掠我财物”的暴行，号召国内外同胞“奋起抵抗，共赴国难”，提出“唤醒民众，共同奋斗”，实行“抵制日货”。9月27日，顺德各界召开抗日救国大会，通电全国，呼吁“团结一致，誓死救亡，促蒋下野，重组统一，强固政府，共御外侮”。10月，顺德乡村师范、县立二小、三桂小学高年级学生，组成十多个宣传队，分赴陈村、碧江、三桂、林头、北滘、西海、桃村等地宣传抗日。随后，顺德社会各界掀起拒用仇货（日货）浪潮。

1937年7月7日，卢沟桥事变爆发，全国性抗日战争正式开始。8月，中共中央向全国发出通电，号召全国同胞、政府与军队团结起来，筑起民族统一战线的坚固长城，抵抗日本军队侵略。

卢沟桥事变爆发的消息传来，顺德群情激愤。1937年冬，中共广州教忠中学支部书记张江明，支委李琼英、李静，以及陈坤仪、陈水清、苏女等20人，先以教忠中学学生回乡服务团的身份，后以“抗先”（广东青年抗日先锋队）独立第二支队的名义到西海、路尾围一带宣传抗日，以口头、文字、艺术等方式向农民宣传抗日救国，揭露日本帝国主义的侵略野心，灌输“国家兴亡，匹夫有责”的民族思想，得到乡长霍宜民的支持与欢迎。

在“抗日高于一切”“一切为着抗日”的环境大势中，农民的救亡运动也逐步发动起来。在教忠中学师生的发动下，1938年2月26日晚，西海、路尾围农民召开“抗日同志会”成立筹备大会，参加会议的有农民、小学师生，近600人。当晚，教忠中学师生演出以抗日内容为题材的《最后一计》《墙隅》；到会各界均派代表上台演讲和演唱抗战歌曲；农民还以抗日同志会的相关内容演出话剧，要求政府出兵抗日，挽救民族危亡。3月1日，抗日同志会正式成立，党员陈九当选为主任，贫农梁安、郭胜为副主任，会员200余人。成立会上，众人宣读成立宣言，并派发组织章程。

其后，抗日同志会成员利用农闲和晚上，配合教忠中学宣传队，在西海乡一带开展抗日救国及反剥削、反压迫宣传工作，逐步把范围拓展到碧江、坤洲、泮浦、乌洲、大洲、龙眼、蛇州围、古坝、榄核、张松、溢湄等地，会员人数增至500余人。抗日同志会的成立，增强了农民的民族观念，掀起乡村抗日热潮。

二、叶剑英、郭沫若在碧江的抗日活动

1938年5月5日，从广州迁到碧江上课的广雅中学和顺德抗日同志会，特地邀请国民革命军第八路军参谋长叶剑英到碧江振响楼发表抗日演讲。

当日前来听演讲的群众有800多人。叶剑英发表题为《把握

住抗战胜利的基本条件》的演讲。他在演讲中首先分析卢沟桥事变后全国抗日形势。他指出：日本帝国主义者制造卢沟桥事变、发动侵华战争，无非是想灭亡中华民族，使全中国人民变成亡国奴。面对这种危机，全中国人民都希望有一个和平统一的局面，才能同心协力一致抗日。西安事变的和平解决，推动了国民政府加紧进行抗日。

怎样才能打败日本侵略者？叶剑英指出必须具备3个基本条件：第一，全国军民团结一致抗日；第二，争取各国人民的同情和帮助；第三，运用巧妙的战术，克服日本的长处，对付日本的短处。中国抗战的前途如何，是否能取得胜利，要看我们能否把握住抗战胜利的基本条件，只有紧紧把握住这3个条件，才能够集中力量打败日本帝国主义者。

叶剑英强调，今日中国的命运，正处在民族革命的高潮中。我们不是得到自由，就是在这波涛中沉没，但是这个命运是由我们去决定的。

演讲结束时，叶剑英满怀激情地说："青年的同志们，自己决定自己的命运，希望各位努力于中华民族的解放事业，求得中华民族的自由，努力前进！"[①]叶剑英的演讲，极大地鼓舞与会群众争取抗日胜利的信心。这期间，郭沫若和《救亡日报》的汪馥泉也来到碧江，在高桥头作了抗日救亡的演讲。

叶剑英、郭沫若等人在碧江开展抗日宣传活动，大大激发广雅中学师生们对争取抗战胜利的信心。欧初等一批师生随即组建"广东青年抗日先锋队广雅支队"，立志投身民族解放事业。北滘地区群众也深受鼓舞，纷纷参加抗日同志会组织，群众性的抗

---

① 中共佛山市委党史研究室编著：《中国共产党佛山地方史》（新民主主义革命时期）（禅印准字第013号），2001年5月，第75—76页。

日救亡运动在北滘初步推向高潮。

三、顺德沦陷

1938年10月21日，日本侵略军占领广州；22日，分3路进攻宝安、东莞、顺德、三水等县；26日攻占大良。10月底，日本侵略军生田所部调集舰艇、坦克、火炮、步骑，分水陆两路，沿大良十二亩、旧寨直捣沙头，向容奇发起全面进攻，遭到容（奇）桂（洲）抗日自卫团顽强抵抗，双方激战两天，日军无法登上滩头，只好退兵，于11月5日撤出大良。

1939年3月12日，日本军队第2次占领大良，对顺德各地进行“扫荡”，再次向容桂地区发起进攻。20日凌晨2时，为粉碎日军的进攻，容桂抗日自卫团队兵分4路，向大良日伪军发动攻击，炸毁大良发电厂，歼灭日伪军100余人。27日凌晨，日本军队集中兵力3 000余人，在飞机、军舰的支援下，分3路向容桂地区发起全面进攻。由于寡不敌众，翌日，容桂地区失守。

1939年11月，日本军队调整广州附近地区兵力，大部进驻佛山、九江、容奇、市桥等地，驻扎大良的日军撤至容奇。为防止容奇日军进攻大良，在吴勤的指挥下，广游二支队（全称“广州市区游击第二支队”，成立于1938年11月）协同国民党顺德县党部、县政府和各友军在飞鹅山、金桔咀旧寨一带地域设防，利用有利地形奋勇抗击。共产党员、班长陈德胜带领全班战士迂回到日军侧翼，突然向敌发起猛烈射击，毙伤敌十余人。陈德胜在战斗中不幸中弹牺牲。日军攻击失利，无法向大良推进，便在炮火掩护下撤回容奇。

1940年3月1日，日本军队1 000多人再度向飞鹅山和金桔咀发起攻击。当时，飞鹅山和金桔咀由地方团队警戒守备，战斗不到5分钟就被日军击溃。虽然广游二支队闻讯即赶往支援，但支援部队未达，飞鹅山和金桔咀已先后被日军攻占。国民党顺德县党部、县政府和各地方部队纷纷撤退。在敌占优势的恶劣情况下，广游二支队最后从大良撤退。大良遂第3次沦陷。

日本军队侵占顺德后，多次到村庄、墟场扫荡，日军所到之处，烧杀抢掠，杀害居民，蹂躏妇女。1938年10月，日本军队出动飞机53架次，连续3天轰炸顺德重镇陈村，炸死12人，伤95人，毁屋157座。10月23日，日军攻入陈村新墟、旧墟及赤花乡，杀死居民六七百人，焚毁屋宇百余间。大良镇在两次沦陷中，当地望族龙、罗两姓家中的大批古籍被日军洗劫一空，其中龙姓家族珍藏的《佛经血本》（此经系200年前某古刹行僧滴血书成）尤为珍贵，被日军搜出后运至日本。[①]日军在当地巧取豪夺，在龙江乡、龙山乡等地发行日军用票，强行换取中国钞票。容奇、陈村、大良自17、18世纪起就为顺德粮食集散地之一，被日军重兵把守并实行粮食统制售卖后，不许偷运私米，又限制居民购米数量，致使全县各地物价奇昂，民众多以野草充饥，大批民众外逃谋生。日本侵略军强令各丝厂产品只能卖给三井、三菱、加藤、伊藤4家日本公司。许多工厂无法做赔本生意，纷纷倒闭。

日本侵略军野蛮的抢掠和破坏，给顺德社会生活和经济活动带来极其严重的损失。工厂停工、商店关门、田园荒芜、农事衰退、粮价飞升，大量人口逃亡、饿死，饿殍遍野，极其悲惨。

---

① 见1940年3月29日《香港工商日报》，顺德区档案馆藏。

第二节 中共顺德地方组织的恢复和抗日武装的建立

一、中共南番中顺中心县委的成立

1937年冬，中共广州教忠中学支部书记张江明、支委李静、李琼英带领20余人，到顺德县西海和路尾围，开展抗日宣传和建立农村党组织工作。他们与大革命失败时失掉党组织关系的杨森、罗享、梁虾取得联系，恢复了他们的组织关系，于1938年春建立了中共顺德县路尾围支部。为了加强对南海、顺德抗日武装力量的领导，1938年5月，中共广东省委决定成立中共南（海）顺（德）工作委员会（简称“中共南顺工委”），范志远任书记，委员有黄万吉、林锵云、王仕钊、黄云耀、邓贞子。同年夏秋间，范志远调东江地区工作，林锵云接任书记。林锵云于1926年加入中国共产党，先后参加省港大罢工、广州起义，革命斗志坚强，经验丰富。在中共南顺工委领导下，顺德党的基层组织有较大的发展。林锵云在西海、龙眼发展和扩大抗日同志会组织，并通过梁棉的关系，在路尾围吸收梁德入党，在大良、龙眼恢复罗溢、李程等人的组织关系。至1939年冬，路尾围、西海2个党支部共发展高伟夫、张流、张柳金、梁冠、梁润余、冯秀基、冯润、周带银、梁德等16名党员，建立起路尾围、西海、龙眼、大良、“澳门‘四界’救灾会回国服务团”5个支部。各党组织成立后，认真贯彻执行党的抗日民族统一战线，建立抗日民众团体；广泛深入开展抗日救亡运动，建立各种形式的民众抗日武装，积极准备抗击入侵的日军，成为当地抗日救亡运动的领导核心。

1940年6月，中共广东省委根据中共中央指示精神，为加强珠江三角洲武装斗争的领导，决定从中共中区特委划出南海、番禺、中山、顺德县的党组织，成立中共南（海）番（禺）中（山）顺（德）中心县委，统一领导南番中顺地区党的组织和抗日武装，开展敌后游击战争。当年9月，中心县委在顺德西海桔围陈九家召开扩大会议。参加会议的有书记罗范群，委员林锵云、陈翔南、刘向东、严尚民，列席会议的有黄柳言、黄友涯、方群英、容海云、郭培福等。会议传达中共广东省委关于对广游二支队的改造和整顿，使之建设成为中共领导下的人民抗日武装；进一步发展珠江三角洲敌后抗日游击战争，建立敌后根据地等指示。会议对敌后抗战形势作出分析和估计，认为珠江三角洲全面沦陷后，日军会加紧对沦陷区的殖民统治，组织伪军、伪政权，勾结国民党顽固派反共反人民，抗战军民对敌斗争更趋复杂，更加困难；但也应该看到，沦陷区广大民众反对殖民统治、反对奴役的斗争日益增强，共产党领导的人民抗日武装在极端困难的条件下仍不断发展，这对开展敌后抗日游击战争是非常有利的。会议还就贯彻长期抗战和积蓄力量的方针，统一领导南番中顺各县地方党组织和人民抗日武装，放手发动群众、武装群众、开展敌后抗日战争和建立抗日根据地、游击区等问题进行详细讨论和作出有关部署。

中共中央十分关心广东敌后抗日武装斗争的开展，根据中共广东省委书记张文彬的请求，中央从延安派出抗日军政大学第三分校的大队政治委员谢立全和大队长谢斌等一批干部，到广东开展敌后斗争。1940年9月上旬，谢立全、谢斌到达西海，任中心县委委员，负责军事工作。

谢立全、谢斌到达后的当月，中共南番中顺中心县委在西海桔围召开会议，决定加强对南番中顺敌后各抗日武装的领导，深入开展敌后游击战争；建立八路军、新四军式的人民军队；加强党的领导和政治思想工作，把广游二支队改造、整顿、建设为中共领导下的人民抗日武装。会议还决定，以林锵云领导的顺德抗日游击队为基础，从中山、番禺抽调一批党员和进步青年，组织成立独立第一中队，编入广游二支队，由中共南番中顺中心县委和广游二支队司令部领导。会后，罗范群与吴勤商定，谢立全（化名"陈明光"）任广游二支队司令部教官，谢斌（化名"刘斌"）任司令部参谋。

1941年1月，根据中共南番中顺中心县委指示，中共顺德县区工作委员会成立，隶属中心县委，郭静芝任书记；5月，由邝任生接任书记，邓梦云任组织委员，何干成任宣传委员。下辖党组织有西海、西海妇女、谦益围、路尾围、九区仓门乡、龙眼6个支部。

1942年7月，中共顺德县区工作委员会被撤销，顺德县党组织领导实行特派员制（实行至1945年春），特派员先后为周明、关山、佘戈平。1943年3月，中共广东省临委认为，由于敌伪加紧对珠江地区"扫荡""清剿"，今后斗争将愈益艰苦，珠江地区党组织力量仍然十分薄弱，且处于敌后，应着重发展党组织，开展游击战争；因此，决定成立南（海）番（禺）中（山）顺（德）临时工作委员会，部队与地方党组织要严格分开，采取单线联系，不发生横向关系。同月，撤销中共南番中顺中心县委，成立中共南（海）番（禺）中（山）顺（德）临时工作委员会，罗范群任书记，陈翔南任副书记。12月，中共南（海）番（禺）中（山）顺（德）临时工作委员会被撤销，中共珠江特别委员会

（简称“中共珠江特委”）成立，梁嘉任书记。

1945年1月，中共广东省临委为加强党和军队的统一领导，适应抗日游击战的迅速发展，决定撤销中共珠江特委，其下辖的珠江纵队党委及珠江纵队由各支队党委分别领导。

顺德县地方党组织的成立，使人民武装抗日队伍有了统一领导机构，使中共中央关于放手发动群众，独立自主开展敌后抗日游击战争，建立抗日根据地等方针指示，得到进一步的贯彻；同时也密切了各县地方党的组织和各抗日武装的互相支持、配合，依靠群众，使珠江敌后抗日游击战逐步开展局面，珠江三角洲成为广东抗日的重要战场之一。

二、发展壮大中的抗日武装部队

（一）成立顺德抗日游击队

1938年11月中旬，林锵云和黄云耀带领10多名党员，发动龙眼、西海抗日同志会的骨干，在西海、路尾围、大洲等地着手筹建抗日武装，并于1939年2月19日在大良镇北门罗氏宗祠成立顺德人民抗日游击队（简称“顺德抗日游击队”）。游击队通过蓬莱小学校长陈椒蕃的社会关系，取得“国民党第四战区直属广东第一游击区第一纵队第二支队游击司令部特务中队”番号，并向游击司令部领取经费。该队中队长对外由小学教师罗永坚挂名，实际由中共南顺工委总负责人林锵云领导。不久，范志远在南海县理教动员十几名青年，分3批加入顺德抗日游击队，队伍发展到30余人（有7名女队员）。

林锵云带领顺德抗日游击队，不怕艰难困苦，忍饥挨饿，坚持进行军政训练，开展抗日武装斗争。他们白天学习军事和政治，晚上分组到村里宣传发动群众。林锵云给队员上政治课，讲述关于“二七”工人大罢工、上海纱厂女工的斗争、省港大罢工和广州起义等故事，使队员的政治觉悟不断提高。

部队曾多次派女队员打扮成农妇，到大良侦察敌情，散发传单。1939年5月4日，游击小组在大良击毙日军1人。6月的一天，梁冠、霍文、马龙飞、陈贯一等组成的游击小组，在大良闹市区击毙日军军曹1人，缴获军刀1把、军帽1顶，并乘混乱之机，向民众散发传单。7月1日，游击小组又进入大良，袭击驻宝林寺的日军，但因扔出的两枚手榴弹不爆炸，未获战果，趁敌混乱之际安全撤回。该队负责与地下党联系的共产党员陈麟阁一次外出运武器，途经鸡洲时，被日军突然戒严搜查，不幸被捕。在狱中，陈麟阁受尽严刑，双手的尺骨被打断，也没有泄露半点机密；最后，在羊额码头英勇就义。临刑之时，他还高呼“中国共产党万岁”的口号。陈麟阁忠于党，忠于革命，为了争取民族的解放，宁死不屈，表现了共产党人崇高的革命情操，深受游击队内同志和驻地附近群众敬仰。

为加强党对顺德抗日游击队的领导，1939年2月下旬，中共广东省委将中共中央从延安派来的党员干部邓桂林分配到顺德县，任中共南顺工委委员、顺德抗日游击队副中队长，负责军事工作。后中共中区特委、东南特委先后派党员干部何干成、方群英、孙正川、容海云、叶向荣到该队工作，何干成任政治指导员。6月，顺德抗日游击队分别建立男女队员党支部，男队员党支部书记为霍文（后为梁棉），女队员党支部书记为方群英。

1939年3月12日，日军攻占大良后，顺德抗日游击队从大良转移到龙眼、众涌一带。国民党第四战区直属挺进第三纵队副司令林小亚停止对抗日游击队的给养。

自给养断绝后，部队生活十分困难，只好安排部分队员暂时离队，全队仅留18人，继续坚持半天学习军事，半天学习政治。为解决部队给养，黄云耀、陈椒蕃多方活动，奔走于港澳同胞和大良爱国人士之间，募捐筹款。黄云耀去澳门筹款时，得到其同学、爱国人士姚集礼的支持，捐献银元1 000元、手枪2支。西海和路尾围党支部发动群众给部队捐送大米、杂粮，桔围陈九连家里的谷种50多公斤也送给部队。经多方努力，部队给养得到暂时解决。

1939年3月，中共东南特委在香港召开特委扩大会议，传达中共六届六中全会精神。当月，黄云耀、林锵云先后到香港，与中共东南特委接上组织关系。4月，黄云耀陪同杨康华到顺德，接收中共南顺工委的组织关系。中共南顺工委在独州（今称禄州）原“三三”农场召开扩大会议，杨康华传达中共六届六中全会精神和省委、特委的指示，结合顺德的实际，讨论研究如何开展敌后武装斗争等问题，一致认为一定要坚持独立自主的原则搞武装建设，坚持开展敌后游击队，打击敌人，保卫群众，并积极设法解决给养。会议作出决定：在适当时机，经过周密布置，可以先在大良等地采取有效的军事行动，打击敌伪，扩大政治影响。这次会议决定的斗争方针和措施，为以后的顺德抗日游击队的发展，指明方向。

1939年8月，顺德抗日游击队转驻龙眼后不久，日军加紧“扫荡”，其时部队供给困难，武器短缺，又适逢龙眼村发生族性矛盾械斗。游击队派遣男队员陈九、梁棉、霍文、梁冠、吕燮、高伟夫，女队员容海云、张柳金、陈坤等20余人，带着几支单响七九步枪和手枪，分乘2只小艇，转移至西海、路尾围。游击队员住在蔗林地草棚里，一面举办党员骨干训练班，由新调来的南顺工委委员叶向荣上党课，坚定党员骨干的革命信心，一面开展统战工作和群众工作。部队很快在路尾围扎下根来。

1939年11月，林锵云到中共中区特委汇报工作，由叶向荣、何干成、陈九暂时领导部队。同月，林锵云通过统战关系取得

“国民党第四战区广东第一游击区第一纵队属下第十六中队”番号，确定中队长为周祖，政训员为李少松，副中队长为陈九。该中队下辖2个小队，顺德抗日游击队被编为其中1个小队，由中共南顺工委直接领导。在给养有所解决的情况下，队伍迅速扩大至三四十人。

（二）成立广州市区游击第二支队

1938年10月21日，广州沦陷。22日，吴勤在广州南郊崇文24乡组织成立抗日义勇队，队员五六十人。10月末，吴勤率抗日义勇队在南海县平洲夏滘村附近海面，伏击日军的两艘运输船，毙伤日军十余人，缴获粮食数百包，赈济难民；又袭击广（州）三（水）铁路南海境内的小塘车站。

广州沦陷时，广州市政府撤退到广宁县，组织成立广州游击司令部，吴勤为使抗日义勇队取得合法地位，得到给养和武器，11月5日在广宁的广州市政府获拨300元活动费，并获取“广州市区游击第二支队”（简称“广游二支队”）番号，吴勤任司令，冯君素（大革命时期加入共产党）任政训室主任。是月，在党的抗日民族统一战线引导下，吴勤召集南（海）番（禺）中（山）顺（德）四县160多个“堂口”的地方实力派武装，商议共同抗日，并约法三章。广游二支队迅速发展至19个大队，合2 000余人。虽然这些武装队伍中，仅有小部分参与对日作战，但在当时沦陷的混乱局势中，对唤起民众、壮大抗日声势、调动地方实力派抗日的积极性，有着积极的意义。同年12月下旬，吴勤率领直属队（由义勇队改编）在陈村与来犯日军激战，战斗一个上午，毙伤日军30多名。后因敌我力量悬殊，吴勤率队主动撤离陈村，转至禺南大谷围一带驻防。

在民族危亡的生死关头中，吴勤积极支持和拥护中国共产党的抗日主张，靠拢中国共产党。1938年12月他去韶关找广东省委；1939年初又去香港找廖承志，请求共产党加强对广游二支队的领导，请共产党员来队工作。中共广东省委东南特委和八路军驻香港办事处十分重视与关心广游二支队的成立与发展。1939年1月，中共广东省委派遣党员干部刘向东到广游二支队了解情况，受到吴勤的热情接待。吴勤向他介绍队内情况，并请他担任政训室主任，冯君素为副主任。3月，遵照中共广东省委指示，广游二支队直属队建立秘密的中共支部，刘向东任支部书记。次月，广游二支队司令部和直属部队70余人在禺南石涌、涌边村驻防。为把直属队改造成八路军式的人民军队，党支部认真整顿部队，调离品质差及年老体弱者，吸收一批青年农民和工人入伍，编为一个中队，委任思想进步、懂军事的陈恒才任中队长，下设2个小队和1个机枪班；随后对部队进行政治和军事整训。政治上，建立政治制度，阐明部队抗战和为人民的宗旨，讲解党的抗日民族统一战线和持久战，讲述形势和前途，介绍八路军、新四军英勇抗战事迹；强调执行三大纪律、八项注意，举行生活检讨会，开展批评与自我批评；做好驻地群众工作，为民众做实事；举行军民联欢，密切军民关系。军事上，讲解和训练战斗基本动作以及抗日游击战略战术。此外，文化课教授识字、写字、用字，唱革命歌曲，还建立点名、请假、礼节、财务、伙食、生活补贴等制度和规定。在整训过程中，新发展打石工人陈德胜、廖伦等一批积极分子入党。与此同时，以广游二支队司令部名义发布“抗战、团结、爱民”三大主张文告，向周围乡村广为散发。经过几个月的整训，部队的政治、军事素质明显提高，广游二支队真正成长为珠江三角洲地区较有影响的人民武装抗日队伍。

1940年9月，按照中共南番中顺中心县委关于组建广游二支队独立第一中队（简称“独立第一中队”）的决定，林锵云、谢立全、谢斌征得吴勤同意后，着手筹建独立第一中队。该中队以原顺德抗日游击队30余人为基础，再从中山、番禺抽调共产党员和青年20余人组成，全队共有60余人。中队长为林锵云，政训员为黄柳言；下辖2个小队，第一小队队长梁冠，第二小队队长黄鎏。10月初，独立第一中队在番禺沙湾乡涌边村成立。随后，谢立全、谢斌按照党的建军原则，以八路军、新四军为榜样，建立党支部，制定政治工作制度，执行“三大纪律、八项注意”，发扬艰苦奋斗的作风，实行官兵一致，军民团结合作，并组织指战员进行严格的军事训练，大大提高部队的军政素质。

1941年7月，广游二支队第一大队在西海与独立第一中队整编，队伍扩大至300余人，成为中国共产党直接领导和指挥的抗日武装。队伍整编为4个中队，1个手枪队。独立第一中队队长林锵云，副中队长郭汉冲，政训员黄柳言；第二中队政训员何干成；第三中队代理中队长肖强，副中队长王流，政训员欧初，副政训员方达文；1个新兵中队；手枪队队长梁冠。是月，中共南番中顺中心县委在桃村横岸袁家祠举办第一期军政干部训练班，班主任为谢立全，队长为冯扬武，指导员为邝明（化名“陈广”）。参加学习的有中、小队干部30人，编为2个班，先后由罗范群、林锵云、谢立全、刘向东、严尚民等授课。1942年2月，中共南番中顺中心县委在西海郭家祠举办第二期军政干部训练班，为期2个月，班主任谢斌，队长冯扬武，支部书记卢德耀。参加学习的有部队的中、小队级二队干部和中区各县调来的干部，近40人，先后由罗范群、谢斌、谢立全、林锵云等授课。课程的主要内容是传达学习《关于增强党性的决定》，总结几年来游击战争经验。

1942年5月7日，吴勤等人遭顽军袭击牺牲后，林锵云担任广游二支队代司令。1942年冬，广游二支队主力从顺德西海转移，在番顺地区和广州南郊一带坚持敌后斗争，发展扩大游击区。

第三节 西海抗日游击基地的形成

一、西海抗日基地的建立

西海乡属顺德县第三区（今属顺德区北滘镇），位于顺德县东北角，东距番禺县市桥镇18公里，南距大良9公里，西距陈村5公里，北距广州20公里，是顺德通往西江要冲之一，地理位置重要；面积4平方公里，人口约4 000人（按当时区域统计），周围与桃村、横岸、绿道、路尾围等村庄相邻；周围分布横沙围、大横沙、磨面沙等大片沙田，主产稻谷、甘蔗、塘鱼；西海属水网地带，鱼塘成片相连，河涌水渠纵横交错，水上交通便利，桑林、蔗林和蕉林密布，附近有横岸岗、蟹岗、石尾岗等小山岗，是开展敌后游击战的好地方。

西海群众基础好，大革命时期农民运动蓬勃开展。抗日战争爆发后，西海掀起抗日救亡运动热潮，一些青年参加了林锵云组织领导的顺德抗日游击队。1938年春，西海成立抗日战争时期珠江三角洲首个农村党支部——中共顺德西海路尾围支部。接着，“西海抗日同志会”成立，会长陈九，入会会员有200多人，后建立十多个分会，发展到500多人，宣传抗日救国，进行军事训练，维持社会治安。不少青年农民参加顺德抗日游击队。村里绝大部分为贫苦佃农，地主富农较少，村落由当地倾向抗日的地方实力派梁敬、梁满控制。而西海的外围，东面番禺的古坝、三善、紫坭，南面的大洲、乌洲，西面的林头，北面的碧江等大乡，均被地主、大天二[①]、土匪控制。1940年夏秋间，西海及其周围很少有伪军活动，只有一些地方实力派与伪警察大队互争势力范围，如：伪顺德警察大队长梁润及其所属的一个中队，驻在距西海10千米左右的泮浦，霸占泮浦至大横沙一带土地；禺南古坝的地方实力派韩锡忠，则想霸占磨面沙；番禺三善的地方实力派黎钜，也想插手横沙围；碧江的地主苏舜臣集团极想争控西海及其周围沙田。根据上述情况，中共南番中顺中心县委决定，独立第一中队进驻路尾围，在西海及其周围加强游击活动，逐步创建以西海为中心的抗日游击基地。

1940年11月，反动分子钟添、钟潮等组成的“济群团”劫走并杀死有抗日倾向的西海乡乡长霍宜民父子3人，勒令西海群众限期交纳巨款，否则铲平西海。西海群众为此十分恐慌，要求广游二支队派部队前来保护他们的生命财产。中共南番中顺中心县委和广游二支队司令部决定抓住这一有利时机，派独立第一中队由路尾围开进西海；计划首先稳定西海的局面，然后进一步宣传群众，组织群众，武装群众，壮大队伍，经营西海、保卫西海。为了壮大进驻西海部队的力量，中共南番中顺中心县委从第一大队第一中队抽调1个班和1挺轻机枪、10支步枪加强独立第一中队。

独立第一中队进驻西海时，尽管一些群众一时还不了解他们，但他们用实际行动影响群众，广泛宣传独立第一中队是人民的子弟兵，严格执行“三大纪律、八项注意”，决不侵犯群众利益，这次进驻西海为的是抗日救国，由于全中队严守纪律、关心群众，很快就取得了群众的信任和支持，军民关系密切。

---

① 大天二，广东方言，是当地解放前对欺霸一方的恶霸的称谓。

部队进驻西海后，中共南番中顺中心县委十分重视对西海抗日基地的建设，先后调入容海云、谢燕、叶向荣、阮洪川、方群英等党员干部到西海，把党的领导落实到基层。在中共南番中顺中心县委的领导下，中共西海支部得到巩固和发展，并建立了妇女党小组（后发展为中共西海妇女支部），将一批思想进步、坚决抗日的贫雇农积极分子和知识分子吸收入党，扩大党队伍，加强地方基层党组织在西海的战斗堡垒作用。阮洪川、方群英领导的宣传小组，深入开展农民群众组织工作，通过办夜校、教识字、唱抗日歌曲、讲故事等形式，宣传抗日救国的道理，激发广大群众特别是青年的抗战热情，很快就有十多名青年农民参加独立第一中队。中共南番中顺中心县委又从香港、澳门动员20多名工人和爱国知识分子到西海参加部队，再从众涌、龙眼、大良等地动员一些青年加入，霍文又从南海理教动员一些疏散回乡战士归队。西海部队迅速扩大到120余人。

同时，到农民群众中发动组织工作，将西海原来半武装性质的群众组织——利农会扩大，由原来的30多人发展到80余人。组织利农会的民兵积极参加反对敌伪的斗争，保卫家乡、保卫群众利益。在西海广大人民支持下，广游二支队为解决部队的给养，开荒种田，筹粮借款，做汽油、煤油生意；建立救护医疗队和以西海为中心的交通、情报传送站。

1941年3月，碧江地主苏舜臣借“拍围”（筑堤围）修水利为名，强迫西海农民交纳“拍围费”。驻泮浦的伪警察大队长梁润（外号“山顶润”）也贴出告示，勒令泮浦、坤洲、磨面沙、灰口涌一带农民，每亩田交纳“开耕费”50斤（1斤=0.5公斤）谷，否则不准开耕。农民面临失耕的困苦。独立第一中队和西海党支部带领数百农民，多次把地主恶霸的拍围铲平，并率领武装队伍50余人夜袭驻守泮浦的梁润伪军，极大地震慑这些地方恶势力，迫使他们不得不放弃“拍围”和“开耕费”的征收。西海的反“拍围”，废“开耕费”，帮助农民免除陷入“失耕”的困苦和苛税的盘剥，鼓舞和唤起民众团结抗敌的热情和信心，巩固和发展西海抗日游击根据地。

1940年12月3日，日军二三百人从容奇出动装甲汽船8艘及拖船2艘，偷袭西海。独立第一中队在谢立全、林锵云指挥下，奋起还击。民兵亦配合部队作战，当进攻西海的日军进到糖厂至南炮楼一带时，被西海军民多路阻击，展开激烈战斗。从5时激战至14时，独立第一中队毙伤日军10余人，击退了日军，保卫了西海。

在中共南番中顺中心县委和广游二支队司令部领导下，经过部队和西海地方党组织的艰苦工作，在广大人民群众的支持下，经营西海、保卫西海，建立并巩固了以西海为中心的抗日游击基地，西海成了珠江敌后抗日游击战争的坚强堡垒。

二、西海战斗

抗日战争进入相持阶段后，抗日武装力量在战斗中不断发展壮大。特别是从1941年7月7日沙湾战斗起，广游二支队多次出击禺南日伪军，并对其沉重打击，牵制顺德、番禺地区大量日伪军兵力，有力震慑了他们在顺德、番禺的势力。为此，日伪军计划进攻西海，摧毁抗日基地，消灭广游二支队。

1941年7月起，伪军第二十师四十旅和护沙队2 000余人进驻西海周围的韦涌、龙湾、三善、紫坭、碧江等地，形成包围西海抗日根据地的态势。9月，广游二支队接到以李辅群为首的驻番顺地区伪军即将大举进攻西海的情报。消息传开后，西海一些上层人士对伪军抱有幻想，不主张打，部分群众也有很大顾虑，担心打赢反遭伪军放火报复。中共南番中顺中心县委和广游二支队司令部为照顾群众情绪，暂作回避，每天晨曦之前命令部队隐藏蔗地、蕉林，以静制动。10月5日（中秋节）早上，伪军派出一个营兵力，对西海进行试探性进攻，逐家逐户搜索，奸淫抢掠，无所不为。他们将群众准备过节的香蕉、芋头、月饼抢光吃光，还在米缸里、桌子上拉屎尿，搬不走的东西全部砸毁。伪军撤走后，群众回到家里，无不义愤填膺，后悔不该不打，乃纷纷向广游二支队表示，如果敌人再来进犯，一定支持部队，坚决歼灭敌人。

中秋节后，广游二支队司令部从市桥得到伪军即将大规模进攻西海的情报。林锵云、谢立全、刘向东即召开小队长以上干部的军事会议，详细分析敌情及其企图，作出周密的作战部署。会议认为：敌人可能从三个方向进犯西海。一路在涌口登陆，由南向北进攻；一路在河滘登陆，由东向西攻，占领路尾围后，继续向石尾岗、横岸岗发动攻击；一路从碧江、泮浦来犯，攻占桃村后，继续从东北角向西海窜进。三路部队形成三面合围之势，然后攻占西海。会议决定以伏击战、袭击战迟滞和消耗敌人，挫其进攻锐气；当伪军消耗到一定程度后，即集中兵力歼其一路，伤其元气；在歼灭伪军一路后，实施全面反击，将其击溃。会议计划分三步打：第一步，当敌人气势正锐时，运用运动防御和短距离反击，阻滞和大量杀伤敌人；第二步，当敌人消耗到一定程度时，集中兵力歼其一路；第三步，对敌人进行全线反击，迫使敌人全线瓦解。总体战斗部署是：冯剑青中队在涌口、糖厂、南炮楼一线，组织运动防御，阻击和杀伤敌人，最后坚守南炮楼阵地，与陈胜率领的埋伏在西面蔗田中的一个小队和一部分民兵，形成一个“口袋”，待机收紧袋口围歼敌人；黄江平中队和郭培福领导的民兵队为预备队，待命在侧翼出击，梁冠中队负责伏击向石尾岗进攻之敌，歼敌一部分后，迅速撤回西海参加围歼战；

另外，由冯扬武率领军政干部训练班，配合路尾围的民兵队伍，先在路尾围一线阻击敌人，然后撤至两旁埋伏，在敌人侧后积极行动，切断敌人退路。在东北角一线，由萧强、陈绍文等中队沿横岸、桃村、绿道一带组织防御，狙击碧江、泮浦方面来攻之敌，确保南线围歼战的顺利进行。当时，广游二支队驻西海只有二三百人，敌我兵力、装备悬殊，形势险恶。

会议结束后，党组织首先在党内，然后在部队进行深入的政治动员。战士们的求战情绪十分高涨，纷纷提出保证多捉俘虏多缴枪，还互相挑战竞争。广游二支队司令部向群众进行广泛深入的战斗动员，坚壁清野。西海利农会和姐妹会由张柳金、霍淑、郭子云指挥，担负后勤、通信、战地救护等任务，组织能参加战斗的青年民兵及妇女，编成各种战斗保障分队，配合部队作战。

10月17日凌晨4时，伪军第二十师四十旅七十九团、八十团、补充一团和伪护沙总队等共2 000余人，在李辅群指挥下，分三路奔袭西海，前线总指挥一职交由朱全代理。

南路方向，第七十九团在副团长祁宝林带领下，由西海涌口大江边的和隆围登陆，中途遭部署在糖厂附近、由冯剑青带领的前哨小分队猛烈射击；小分队杀伤部分伪军后撤进蔗林，诱敌深入。伪军攻占糖厂后，继而在猛烈炮火掩护下，向南炮楼右侧的广游二支队司令部驻地发起进攻。9时许，伪军一度突破横涌尾阵地，广游二支队的机动小分队立即反击，围歼突入阵地的几十名伪军，俘敌10余人，收复横涌尾阵地，其余伪军被迫退至南炮楼附近的基塘边。东南路方向，李福带领伪护沙总队在河滘登陆，避开村庄，沿着路尾围北面堤围直上，企图占领横岸岗后向西海前进，途中被事先埋伏在花稔基的霍文小队严重杀伤。伪军进至石尾岗附近时，梁冠带领预先埋伏的警卫小队，突向伪军猛烈射击，毙伤伪军数十人，俘一部分，余逃窜。

东北路方向，从碧江、泮浦来犯的伪军第八十团和补充一团，在猛烈火力掩护下，向广游二支队防守的桃村岗进攻，遭到郭彪和陈绍文带领的部队顽强阻击，又受到预伏在横岸岗的重机枪班火力猛烈射击，寸步难进。朱全见各路伪军节节败退，日军飞机却迟迟不来助战，便匆匆赶往广州，再度乞请日军派飞机助战。朱临走时，指定第七十九团副团长祁宝林为前线代总指挥。

11时，伪军增援部队2个营到达桃村岗、石尾岗附近，广游二支队阻击部队在延缓伪军进攻后，边打边撤回西海，双方形成隔河对峙状态。

12时，广游二支队司令部分析战斗的发展情况，认为经过五六个小时的激战，伪军遭到重大伤亡，且十分疲惫，反击的时机已经成熟，决定集中预备队，配以10挺轻重机枪及迫击炮，首先对炮楼方向的伪军第七十九团包围聚歼。林锵云、刘向东率领独立第一中队1个小队和部分民兵，进击南楼附近的伪军；谢立全率领独立第一中队一部，向糖厂一线伪军左后方迂回，夺回糖厂，断敌退路，将伪军压缩在南炮楼之间的堤围和蔗林。反击部队在两侧蔗林内以数挺机枪的密集火力射击，蔗林深处杀声震天，伪军顿时慌乱，涌向堤围溃退，有的跳江逃命，有的向蔗林乱窜。伪军前线代总指挥祁宝林带了少数人突围，被陈胜所率的7人阻击小分队击伤，逃至林头河急流涌口边倒毙，伪军第七十九团大部非死即伤。与此同时，路尾围方向的伪军，亦在冯扬武率领的军政干部训练班和民兵的反击下，再次受到沉重打击，狼狈窜回紫坭。

围歼伪军第七十九团的战斗刚结束，广游二支队司令部又接到报告：从碧江、泮浦方向来犯的伪军第八十团和补充一团，占领桃村岗和横岸岗后，已进至西海涌东北面。情况紧急，谢立全立即率领部队和近10挺机枪前往反击。部队先拆掉两座行人便桥，阻隔伪军过河，然后在房顶上架起轻机枪扫射敌人，接着向涌东北的伪军发动攻击，将伪军第八十团和补充一团击溃。战斗于下午4时结束。

是战，广游二支队歼灭伪军1个团，击溃2个团和1个护沙总队，击毙伪军前线代总指挥、副团长祁宝林及以下200余人，俘100余人，其中有少校副营长至排长14人，还有百余人在逃命江河时溺亡；共缴获步枪400余支，手枪50余支，轻机枪5挺，子弹1万余发，而广游二支队伤亡仅各一人。是役为华南敌后抗战以来以少胜多的著名战例，被誉为“西海大捷”。

三、西海军民反“扫荡”

1941年10月的西海大捷及随后的夜袭韦涌战役，给伪军以沉重的打击，在一定程度上威胁日军在广州的安全。为巩固占领区，日本陆军一三〇师团长中将近藤新八亲自督率，先后两次对西海地区进行残酷的“扫荡”，妄图一举歼灭广游二支队。

10月22日，日军1个联队1 000多人在炮兵和3架飞机配合下，从广州乘坐运兵船，向西海进行报复性“扫荡”，于深夜偷偷用电船拖着伪装的渔船运兵，在距西海20多里（约10 000米）外即关停马达，让运兵船无声无息乘风顺水直下，以炮艇轰击，掩护小汽艇运兵从沙子角登陆。日军一路从西沙角登陆，向路尾围和闸头北炮楼进攻，进而向石尾岗进攻；另一路从沙仔围直扑西海北炮楼。日军登陆河堤后，进攻时不经桑林、蕉林、蔗地，而是见涌过涌，逢塘涉水，遇有密集蔗林，则以军刀开路。日军的狡猾行动没有逃过哨兵的侦悉，广游二支队采用“避其锐气，击其惰归”的战术，保留2个中队兵力，伺机行动；以班为单位，四处以梅花形的火力点钳制敌人，八面穿插，并占据有利地形隐蔽，伺机突袭。

10月23日上午7时，在炮火掩护下登陆的伪军即遭到各狙击点小分队的顽强抗击，进展缓慢。日军一路从西沙角登陆后，集中兵力向闸头的北炮楼冲锋，扼守炮楼的军政干部训练班学员罗章友、中共路尾围支部书记杨森及民兵何柱、何基4人，居高临下，以步枪还击，不时投掷手榴弹，击退日军的轮番进攻。日军久攻不下，急调钢炮和十余挺轻重机枪，集中火力轰炸炮楼。杨森左肩负重伤，何基的枪杆被击断，手榴弹扔光，只剩下30多发子弹。在这紧急关头，杨森命令3人撤退，打算独自留守。经众人极力劝说后，杨森由何柱、何基搀扶着撤退，罗章友留守狙击敌人，掩护大家撤退，并把日军一挺重机枪打哑。一刻钟后，罗章友右肩中枪，步枪枪托被击断。在估计杨森等已撤出炮楼后，罗章友纵身跳下河涌，泅到对岸，突围而出。杨森、何柱、何基3人撤到炮楼下时，门口出路已被敌人火力封锁，他们便依托断墙，继续战斗。日军在炮楼四周堆上禾草、蔗荚，浇上汽油，施用火攻，杨森等3人壮烈牺牲。

攻占闸头炮楼后，日军继续向横岸石尾岗发起攻击。坚守石尾岗的政训员吴声涛、小队长梁国僚以及在横岸一侧警戒的霍文带领1个小队，击退日军六七次冲锋，击毙10余人。日军改变战术、集中兵力进攻石尾岗，梁国僚负伤不下火线，陈江左肩中弹，鲜血染红半身仍坚持战斗，直至头部中弹牺牲。紧急关头，谢立全令机枪手邓生在西海文武庙楼上架起机枪扫射日军，压得敌人抬不起头。日军指挥官高举军刀吼叫督战，当数十名日军刚冲至半山腰时，广游二支队指挥员乘机急调机枪扫射敌侧，日军头目和一排士兵被击毙。日军继以猛烈的炮火轰击文武庙，马启贤指挥1个小队狙击，战斗中马启贤英勇献身。10月23日上午9时，从沙仔围登陆的一路日军，在3架飞机的配合下，向沙仔围俯冲轰炸、扫射。广 游二支队把许多炸弹投到陈村日营房，日军只好沿途用战刀砍倒蔗林，开辟通道，直攻西海北炮楼，受到守楼民兵和战士猛烈狙击，前进受阻。战斗期间，西海姐妹会的霍淑、张柳金、钟旺等人冒着枪林弹雨，为部队输送弹药，救护伤员，送茶送饭，有力支援部队战斗。

午后，从糖厂进犯的一路日军，窜向广游二支队司令部附近，谢立全率领留守的干部迅速击倒冲在前面的3名日军，陈胜率中队在侧拼命扫射日军。随后，在猛烈的炮火支援下，日军从西北面强攻进入村中，四处纵火，焚毁民房百余座。傍晚，日军撤出西海。是役，广游二支队300多名战士，抗击数倍之敌，毙伤敌军数十人，在战斗中杨森、马启贤等12名战士，群众10余人牺牲。

1942年春节（2月15日）拂晓，日军再次“扫荡”西海，200余人乘电船企图在西海涌口登陆，进攻糖厂。战士胡腾发现后，即报告司令部，林锵云马上召开全体干部和西海群众负责人会议，部署战斗，安排群众疏散隐蔽。

这次，日军实施南北夹击，重点进攻南炮楼，在激烈战斗中，周文、郑仿等4人壮烈牺牲。此时，霍文带领小队战士，绕到林头河的堤基，牵制从糖厂堤基进入的日军；卢德耀则率队在横岸岗狙击。在给日军及伪军沉重打击后，为避免不必要的伤亡，广游二支队撤回西海，依托河涌、青纱帐（蔗林、蕉林），与敌人周旋。

日军攻入西海，以烧杀抢掠泄愤，未及撤走的冯氏、梁氏等6名老妇，被指挥官近藤新八推进火海，活活烧死。

四、西海抗日救国妇女会

在建立西海抗日游击基地的斗争中，中共南番中顺中心县委和广游二支队十分重视妇女工作，将组织妇女参加抗日救亡斗争，当做一项重要工作来抓，通过发动组织妇女，培养妇女干部，壮大抗日群众力量。1941年2月，党组织派谢燕帮助当地妇女组织成立了西海抗日救国姐妹会和婶母会；1942年1月，又派干部方群英到西海，加强西海妇女工作的领导。党组织把路尾围张柳金领导的姑嫂会与西海的姐妹会、婶母会合并成统一的妇女抗日组织——西海抗日救国妇女会，有200多人。

担任西海抗日救国妇女会会长的霍淑，出身于乡绅家庭，抗战初期，她的父亲霍宜民任西海乡乡长，他支持共产党领导的“抗先”到西海开展宣传工作。反动派、“大天二”对他恨之入骨，竟将他和两个儿子劫走杀害。霍宜民被害死后，独立第一中队部进驻霍家，霍淑和乡中女青年常常听林锵云、谢立全讲革命道理。林锵云还跟霍淑作了较长时间的谈话，对她父亲遇害深表同情和惋惜，谈到抗日战斗关系到国家民族的生死存亡，鼓励她积极投身抗战。在部队首长教育下，霍淑和村中妇女思想有了急剧的变化，激发起爱国热情。霍淑将父亲遗下的1挺轻机枪和10多支长短枪交给广游二支队。乡亲们纷纷主动拿出粮食、蔬菜等支援部队。

西海抗日救国妇女会成立后，组织妇女宣传抗日救国，学习文化，筹集粮食，运送给养，救护伤员，拥军劳军。另外，还积极开荒种地，生产自救，支援部队。妇女会内分成生产、运输、救护、筹集、慰劳、后勤等小组，分工协作，开展活动。另外，还派出秘密交通员，负责顺德、中山、番禺与广游二支队司令部的联络工作。

1941年5月14日，广游二支队夜袭番禺县沙湾伪军。西海姐妹会、路尾围姑婶会和利农会的青年男女划着二三十艘农艇，载着由谢立全率领的200多名指战员到沙湾，重创李辅群手下何健的一个连并歼灭一个伪警察所，缴获长短枪50多支。随后，姐妹会又负责运送部队到龙湾等地去执行瓦解和袭击伪军的任务。

1941年10月17日，大汉奸李辅群指挥伪军2 000余人，大举进犯西海。战斗打响前，广游二支队指挥部向姐妹会下达任务：组织群众疏散，筹集粮食，保证战斗部队有饭吃、有水喝；救护伤员，传送情报。当晚，姐妹们开始了紧张的工作：有的去通知群众疏散，有的负责群众捐献。霍淑和郭子云把两人合耕的6亩水田所获的600公斤稻谷捐献出来；张柳金和其他姐妹筹得一批粮食和蔬菜，半夜就动手烧水、做饭、煮菜，天亮前，使部队指战员吃饱饭。战斗打响后，姐妹会成员奋不顾身，穿梭在枪林弹雨中，送茶水到阵地给战士们解渴。负责后勤的姐妹还参加捉俘虏，梁桂林和几个姐妹拿着扁担，捉了两个伪军。

10月22日，日军1个联队1 000多人，分3路向西海进行报复性“扫荡”。姐妹会和姑婶会再次担负起送饭送水的任务。中午，战斗在激烈地进行着，姐妹们在乡公所忙着做饭。这时，有部分敌军冲进了乡公所。部队要姐妹们马上撤离，但她们坚持将饭做好装好，才撤出。战斗结束后，姐妹会会员又分头回家，抓来几十只鸡，为战士们做了一顿丰盛的晚餐。

1942年6月至8、9月间，广游二支队在林头进行3次战斗。部队攻占了林头，没收了伪自卫大队长梁桐几百亩稻田。当时水稻已成熟，又遇上大雨连绵天气，妇女会和利农会动员200多名男女青年，分乘100多只小艇开进林头抢割，并及时烘干，脱谷，送给部队作革粮。林头战斗时，妇女会会员冒着战火，上前线抢救伤员。张柳金、钟旺、冯九仔组成的卫生组，负责护理受伤较重不便行动的伤员；陈九的妻子和媳妇负责护理重伤员周冠豪。

1942年9、10月间，张柳金、钟旺、冯九仔到碧江侦察敌情，因遭叛徒出卖被捕，在敌人威逼利诱、软硬兼施的手段下，她们坚贞不屈，保守部队的秘密，敌人无法从她们口中得到半点情况。在她们坐牢期间，妇女会会员捐钱捐物，慰问家属，解决她们家中生活困难。

1942年10月，广游二支队转移到中山县开辟新的游击区之后，西海抗日救国妇女会仍坚持斗争，帮助部队开展有关工作。

五、留守西海的斗争

1942年10月，中共南番中顺中心县委在西海召开会议，总结广游二支队进驻西海近两年来的经验，制定了在南番中顺地区实行开辟新区和扩大抗日游击区的方针，决定：以小部分兵力留守西海，大部分兵力转移到中山县五桂山，开辟新区和扩大游击区。当年11月，广游二支队司令部和主力部队撤出西海，留下阮洪川、黄友涯、梁国僚等率领1支20余人的精干小分队，配1挺轻机枪，留守西海，进驻路尾围。1942年11月末，李辅群部300余人再次进攻西海。为了不影响部队按时转移，广游二支队司令部除派1个班在横岸岗、桃村一带监视伪军，其他部队隐蔽蔗地，伺机行动。伪军首先占领西海外围制高点，炮轰西海及附近的蔗林，然后步步紧迫，占领西海中心大街的大祠堂。当晚，独立第一中队和民兵袭击驻钟家祠、霍家祠的伪军，将其部分杀伤后，司令部和大部分队伍按中共南番中顺中心县委会议的部署，随即撤离西海，转移到禺南。因西海被伪军何建部占领，原定留守西海的小分队，便暂时转移到路尾围掩蔽活动，但继续和西海等地的妇女、青年组织保持密切联系，在积极分子中秘密发展党员，建立党的支部和交通站，开展情报工作。

为了孤立乌洲的伪联防大队长、大恶霸地主梁蔡，留守小分队与地方实力派的统一战线，与西海统战友军梁敬、梁满磋商，争取他们为留守部队供给伙食，并由梁满出面，告诫附近驻地伪军，不得暗中捣鬼，否则严惩不贷。留守部队还以梁敬联防队名义，在西海、路尾围、桃村、横岸一带村庄秘密活动，击毙叛徒何达夫和汉奸霍咸公，使伪军不敢前来骚扰。小分队还得到统战朋友林轩的帮助，在南海、顺德交界的河滘设立税站，征收税款和渔货，支援在南海、三水边境活动的部队。

1943年冬，阮洪川、黄友涯被调走，由李冲负责留守小分队的工作。李冲和梁国僚带着短枪组，通过旧寨统战友军周荣的关系，派邓斌带1个战斗班，以周荣护耕队的名义驻防旧寨。随后，李冲和梁国僚与紫坭黎钜，大洲周锡、周耀父子，古坝韩祥、韩锐等实力派交往，团结、劝导他们共同抗日，进一步争取中间派势力，扩大抗日力量。此外，留守部队开垦土地，办农场，种植水稻、甘蔗，缓解部队粮食短缺的问题。

由于小分队坚定执行党的抗日民族统一战线的战略，坚持深入宣传发动群众，因而得以在西海地区坚持和发展。1943年，小分队从开始留守的20余人发展到50余人，活动地区扩展到大洲、乌洲、鸡洲、旧寨、紫坭、古坝等一带，为积蓄力量、发展新区打下坚实基础。

第四节 敌后抗日游击斗争的开展

一、吴勤遇害

吴勤早年参加革命，国民革命时期在佛山近郊南浦村组建农团军。蒋介石发动“四·一二”反革命政变后，吴勤任南海农民赤卫军第二团团长，参加广州起义。起义失败后，吴勤转移至香港，后转去新加坡；1937年秋冬，返回广州，积极开展抗日宣传活动；1938年10月，在广州南郊组织成立抗日义勇队，队员有五六十人。抗日义勇队先后在南海县平洲夏滘村河面和小塘火车站伏击日军，威声大振。11月，吴勤组建广游二支队并任司令。他积极寻找中共广东省委，请求党组织加强对广游二支队的领导，派共产党员来队工作。根据吴勤的请求，中共广东省委东南特委先后派出刘向东、严尚民、林锋、黄友涯等到广游二支队工作。在吴勤的支持下，广游二支队成为中共领导下的一支人民抗日队伍，多次粉碎日伪军的联合进攻，在西海大捷和三水保卫战、大良保卫战中，取得胜利。

国民党顽固派对吴勤所领导的广游二支队的声望不断提高和部队的迅速发展感到不安。1941年秋，国民党第七战区司令部制定珠江敌后“剿共”和消灭广游二支队的秘密计划。12月28日，国民党军发出密令（并附《进剿吴勤匪部办法》），对广游二支队强加所谓“非法活动”，安上“盘踞顺德县属西海乡、掳人勒赎、广收队伍、企图自树奸伪政权”等罪名，命令由顽军第六十四军（或挺进第三、第五纵队）指挥，南海、番禺、顺德县政府派其地方部队协助，捕杀中共南番中顺中心县委和广游二支队领导人。国民党军队挺进第三纵队林小亚接到密令后，即与伪军勾结，联合进攻广游二支队。

1942年3月，由林小亚发起，邀集伪军头目、汉奸和反动地主恶霸等，在陈村召开“花园会议”和“游艺会”，表示“汪蒋合作”的诚意。李辅群派伪二十师秘书长辛镜堂出席，陈村汉奸欧荣和地方恶霸欧驹荣等也到会。林小亚邀请吴勤参加，以达到诱降的目的。吴勤断然拒绝：“你们开的不是‘游艺会’，而是‘游伪会’，要抗日游击队伪军开会，我不去，要是去了，我就开枪。”诱降失败后，林小亚布置其驻陈村的梁德明大队侦察掌握吴勤的行踪，企图予以抓捕或刺杀。

5月7日上午，吴勤和夫人霍淑英及警卫员潘秀从独州“三三”农场返陈村。驻陈村的挺进第三纵队梁德明大队，勾结陈村的汉奸欧荣，侦察到吴等人的行动路线后，预先派人埋伏在水枝花糖厂渡口旁的炮楼和蔗渣堆中。中午，当吴勤等人所乘的小船划到水枝花河中心时，梁德明、欧荣下令向小船猛烈射击，吴勤夫妇和警卫员当场中弹牺牲，林小亚立即派人将吴勤遗体送到市桥。李辅群下令将吴勤暴尸数日，充分暴露了国民党顽固派与汉奸、伪军互相勾结，疯狂反共，破坏抗战的罪恶阴谋。

5月9日，中共南番中顺中心县委在西海召开紧急会议，决定在政治、军事上坚决反击国民党顽固派掀起的反共逆流：第一，为吴勤举行追悼会，以广游二支队全体官兵名义发出《告各界同胞书》及《快邮代电》，揭露林小亚一伙与日伪军勾结杀害吴勤的罪行，要求严惩祸首林小亚；第二，公布由林锵云担任广游二支队代司令，要求国民党当局给予广游二支队合法名义；第三，军事上坚决实行自卫反击，打击国民党顽固派疯狂反共、破坏抗战的反动气焰，并加强防备，准备反击顽军和日伪军的联合“扫荡”；第四，继续做好统一战线工作，进一步加强同地方实力派的联合，共同打击日伪军和顽军。

随后，广游二支队和西海人民举行隆重的追悼大会，悼念为民族解放而牺牲的吴勤司令和其他同志。吴勤的英勇牺牲，激起广游二支队和西海人民对反动派的仇恨，抗日斗争形势继续发展，抗日武装对日伪军和顽军的进攻给予狠狠的打击。

二、三战林头

吴勤牺牲后，中共南番中顺中心县委带领广大抗日军民坚决反击国民党顽固派的反共逆流和日伪顽的联合“扫荡”，决定袭击林头顽军，实行自卫反击。

林头北面是公路，东面是潭洲水道，东南面距西海1 000多米，是国民党顽军挺进第三纵队进攻西海抗日基地的前哨据点，是国民党顽军林小亚亲信梁桐的家乡，有顽军梁桐、梁德明、梁雨泉部共100多人，分驻在几个炮楼和祠堂。梁桐是林头大恶霸地主，绰号“大仙桐”，自任所谓的自卫大队长，一贯与人民为敌。广游二支队多次写信警告他，要他以国家民族利益为重，革面洗心，共同抗日。但他置若罔闻，不但毫无悔改之意，更变本加厉地配合日伪军向西海骚扰寻衅。林头又是广游二支队通往友军曾岳大队防区莘村、良村、马村一带的重要交通线。因此，袭击林头，既惩罚反共的顽军，又能打通西海外围的交通线。

1942年6月中旬的一个晚上，在谢斌指挥下，广游二支队100多人，联合友军曾岳大队，向驻林头的梁桐大队发起攻击。中午时分，部队夺取了梁桐大队所占的黄家祠、陈家祠和下闸炮楼，击毙顽军30多人，俘虏20多人，缴获轻机枪2挺、长短枪40支。

梁桐从屋中地洞逃走。当天下午，梁桐、梁德明带领顽军数百人向林头疯狂反扑。谢立全、刘向东、冯扬武分别率领部队抗击顽军，经过3小时激战，打退顽军的反扑。广游二支队也随即撤出林头圩，凯旋。

广游二支队袭击林头获胜后，梁桐、梁德明等人不甘心失败，半月左右又纠集起二三百人，分驻林头各个炮楼和两座祠堂内，准备进攻西海。为进一步打击顽军，7月上旬的一天晚上，广游二支队在侦察掌握顽军驻地的地形、兵力、装备及哨位等情况后，联合曾岳大队，再次袭击林头。当晚下着倾盆大雨，广游二支队一路由林锵云和谢斌率领，一路由谢立全率领，迅速通过桑基、菜地，在曾岳大队的迫击炮和轻重机枪掩护下，向林头发起攻击，很快攻下西炮楼；接着向纵深发展，与顽军展开巷战。战斗至天亮，部队毙伤顽军200多人，缴获轻机枪2挺，步枪百余支，没收梁桐的财产。几天后，当地举行了一个有数千群众参加的大会，整个林头好似过节一样，大街小巷都站满了人，人人欢天喜地同部队联欢，很多青年人要求参加广游二支队。如卢铨仔（卢振光）和父亲一起带着他们的草艇前来参军，卢铨仔年纪小，参加了小鬼队，他父亲做了部队的炊事员，林头的名中医梁医生也参加了部队。

随后，谢立全率领广游二支队一部与曾岳大队一部分联合进攻驻北滘的伪军。部队从林头出发，包围北滘东孖桥头炮楼，一直攻至北滘孖仔祠堂的伪自卫队队部和伪自卫队队长周勤的家，没收周勤家的粮食及财物。不久，广游二支队又派出两个小队，与曾岳大队一部互相配合，进攻驻广教的伪军。经一昼夜战斗，广游二支队将驻广教之伪自卫队击溃。此后，广游二支队的活动范围从西海扩展到莘村、良村、马村一带。

1942年7月中旬，梁桐勾结伪军200余人，纠集了梁道明、欧驹等伪军和土匪500余人向林头大举进犯。占领佛山的日军和伪县长苏德时、番禺李辅群也派兵前来增援。日军沿碧（江）（大）良公路北上，以炮火轰击广游二支队驻守的炮楼，顺德伪军进行广教，李辅群伪军用炮艇、汽艇封锁江面，实施全线包围，企图消灭广游二支队。

在强敌的进攻面前，林锵云、谢立全、谢斌、刘向东等指挥广游二支队和民兵沉着应战，在林头、广教等地利用炮楼和交通要道阻击敌人。陈胜率领战士坚守炮楼，猛烈反击敌人的进攻。敌人转而进攻阮敏求等一班战士扼守的炮楼，炮楼的上半截被敌人炮火轰倒了一角。阮敏求负了伤，但他和全班战友仍坚持战斗，守住了阵地，给敌人以沉重打击。这时，曾岳大队也前来增援。广游二支队利用林头北面的两个炮楼打得敌人无法接近。敌绕道进入林头圩中心驻下后，与广游二支队展开激烈的巷战，隔着一座桥，敌我互以密集火力对射。十几个日本兵爬起来想冲过桥头，被梁兆坤连射数枪。几个日本军便倒栽进涌里，其余的踉踉跄跄退回去。之后日本军队在机枪和掷弹筒的火力掩护下，又连续发起十来次冲锋，但都被新兵小队利用街亭做掩体，一一击退。正在这时谢立全带领一个中队及时赶到，打得敌人失魂丧胆。

这时，林头村内村外，敌我形成犬牙交错的形势，广游二支队与敌人展开了激烈的巷战，从早上直打到下午。谢斌、刘向荣、吴孑仁、符和池等领导也在巷战中负伤，但他们草草包扎了伤口，又继续指挥战斗。黄昏时分，敌人停止了攻击。数百伪军溃退了，但攻进村心的日本兵却没有撤退，全部集中到村东北角的一座大祠堂里。广游二支队领导开会研究，认为敌人想拖延时间，等候援兵到来，内外夹击，企图在林头把广游二支队“吃”掉。根据这一判断，决定先发制人，夜袭日本军。当天深夜，漆黑一片，部队摸黑迂回到祠堂的正前方，用机枪向日军扫射，祠堂瓦顶上的日军立即集中火力还击。这正好暴露了日军的机枪火力点，游击队预先架设在大树上的机枪，一齐向日军火力点扫射过去，几个日军连人带枪直接摔了下来，游击队迅即向祠堂冲去，将一排排手榴弹投入日军，打得日军从祠堂地窖逃出，沿着河边撤退。日军狼狈上船逃命之时，被埋伏的游击队伏击，所乘船只被打沉，40多个日军和他们枪支弹药，连船一起沉进了河底。经三昼夜激战，广游二支队毙伤日军80多人。

为保存有生力量，第二天晚上，广游二支队部分队伍主动撤出林头，第三天晚上撤出广教，分两路转到西海和莘村。广游二支队在顽军和日伪军的夹击中，三战林头，坚决反击国民党顽固派掀起的反共逆流。部队在战斗中再一次经受了磨炼。

三、激战广教

主力部队撤出林头后，林头、北滘一带被敌人占领了，所有主要河道，都派驻了装甲的泵船，架起机枪，加以封锁；还有巡逻艇在大小河巡逻，气氛紧张。日伪军在林头一带烧杀劫掠，奸淫妇女，拉伕派捐，无恶不作。

日伪军的暴行激起广大群众的怒火，广游二支队的战士咬牙切齿，表示一定要坚决打击敌人，为人民报仇雪恨。部队派出少数队伍，白天利用甘蔗林和其他有利地形与敌人打“麻雀战”，晚上则骚扰日伪军的驻地，使其不得安宁。

广教四周围田环抱，只有两条草边路可通，地形有利于对敌作战，这里群众基础也较好。为了挫伤日伪军的气势，鼓舞群众的斗志，广游二支队决定乘敌兵力分散的时候，将广教作为战场，再一次打击敌人。

1942年8月，广游二支队进入广教，便迅速把群众发动起来，群众纷纷挺身拿起武器，军民组成一支坚强的战斗队伍，星夜赶修工事，积极地准备战斗，许多老百姓还主动杀鸡宰猪，备粮做饭，积极支援部队。

不出所料，第二天拂晓，日本军队、伪军和顽军林小亚部共千余人，分两路进犯广教。广游二支队在民兵的配合下，占据有利地形，迎击敌人，连续击退敌人的数次进攻。坚守在北涌口炮楼的第二中队指导员张实等5人，毙伤日军20多人，他们5人都负了伤，但仍坚守阵地。日军集中大炮和数挺重机枪向炮楼轰击，炮楼的上半截被打塌了，张实等人撤下炮楼，隐藏在散兵壕里，继续打击敌人。日伪军见炮楼已塌下，便蜂拥而来，张实等人等到敌人逼近，奋力支撑起负了伤的身体，冲出散兵壕与敌人肉搏，一连打倒了几个日军。最后，张实等5人壮烈牺牲。

战斗到下午3时许，广游二支队从广教的前庄撤出，固守后庄；直到吃过晚饭后，动员群众一起撤出广教。

撤出广教后第三天，广游二支队趁着月色，从驻地的槎涌和龙涌划艇出发，对驻在广教的日伪军和顽军进行夜袭。部队靠岸后，先遣队带着两挺机枪封住日军的营地的出口，主力部队迂回伪军和顽军林小亚部的驻地，随即发起攻击。日军因为营地的出口处被游击队的火力封锁住，不能驰援。广游二支队便在不到2小时的战斗中，歼灭日伪军和林小亚部各1个中队。天刚亮，部队撤出战斗，安全转移到三洪奇。

第五节 抗日民主政权的建设

一、老区人民的血肉情

1938年5月，毛泽东发表《论持久战》，他指出，“兵民是胜利之本”“战争的伟力之最深厚的根源，存在于民众之中”“军队须和民众打成一片，使军队在民众眼睛中看成是自己的军队，这个军队便无敌于天下”。发动组织和依靠群众，保卫群众利益是珠江人民抗日武装取得胜利的力量源泉。他们长期战斗在日伪重兵统治的珠江三角洲地区，之所以能生存、发展、壮大，不断取得胜利，正是因为有老区人民群众在人力、财力、物力上源源不断的支援。

抗日战争爆发后，中共顺德组织领导群众开展抗日救亡运动，成立“抗先”队，战时妇女会、利农会、抗日同志会等许多抗日群众组织，成为后来广泛开展的抗日游击战的群众基础。抗日游击战开展后，地方党组织和广游二支队始终把相信和依靠群众，作为游击战争最基本的原则之一。发动群众组织建立抗日民主政权，让人民当家作主管理大事；实行减租减息，发展生产，赈灾救济等措施，赢得了人民群众的拥护和爱戴。子弟兵热爱人民，人民也热爱支持子弟兵。

各区乡或大村普遍组建了民兵常备队，集结队和自卫队等群众武装组织。这些群众武装组织平时以农业生产为主，防奸防特，维持治安，战时则支援部队作战。在1941年10月17日的西海战斗中，吴勤动员了地方武装百余人参加战斗。林锵云动员西海几百群众，手拿锄头、棍棒、艇桡、铁棍围攻堵截敌人，捉拿俘虏。民众的喊杀声，使被围困的伪军吓得心惊胆战。在1942年7月攻打林头的战斗中，莘村曾岳组织地方民团百余人，配合广游二支队，攻入伪军的炮楼，又迅速越过小涌，向村心冲击，和主力部队在村中心的十字路口会师。此役歼敌200余人，缴获机枪2挺，长短枪100多支，充分发挥了人民战争的威力。

广大群众积极送子女参军，扩大抗日队伍。平时节衣缩食支援部队，掩护治疗伤病员，战斗时送饭，送情报，转送伤病员；数以千计民兵群众参战，配合部队粉碎伪军及顽军的“扫荡”。西海战斗动员令发出后，农会和70多个民兵武装分头检查和擦拭武器，修筑工事。有的农民把从前买来防匪的枪支子弹，送给部队使用，有的没有参加民兵组织的群众拿起自己的武器，跑到司令部要求和部队一起作战，妇女群众络绎不绝地把大米、番薯、鸡蛋送给部队；有个老太婆甚至把媳妇产后滋补用的鸡蛋也送来。60岁的何秀东老大爷牵住战士们的手，激动地说：“你们打吧！狠狠地打！我家的大肥猪是留给你们的，打了胜仗，我把它劏了送来，同大家痛饮几杯！”战斗结束后，广大乡民纷纷四处抓俘虏，撒开天罗地网，简直分不清谁是战士，谁是老百姓。一个青年农民只用1杖艇桡，便缴获了7支枪；路尾围的三婶，带领几个妇女，抓住了几个俘虏，缴获了枪支。这些充分表现老区人民勇敢顽强的斗争精神和对共产党领导下的抗日军队的拥护。

广游二支队根据毛泽东提出的“自己动手，丰衣足食”的方针，在西海地区开荒稻田近10公顷（1公顷=0.01平方公里）、蔗地5公顷，西海群众帮助部队管理。抗日救国妇女会霍淑和郭子云、冯二女等集体种田，一年就支援部队5 000公斤稻谷，解决部队部分给养。

抗日游击区的妇女十分活跃，在农业生产、参军支前、护理伤员等活动中发挥了重要作用。1945年4月，在反“扫荡”中，西海妇女在谭清、卢木带、张柳金等带领下，积极参加支前。她们冒着枪林弹雨给部队送茶、送饭、救护伤员，还组织船艇，通过敌人重重封锁，把重伤员转运到大良罗守真医生家抢救医治；妇女干部王兰到广州变卖了其家姑的遗产，利用关系购买了一大批子弹运回部队，给予反“扫荡”斗争有力的支援。1942年9月，在“反扫荡”斗争中，广游二支队教官谢立全患了眼病，部队无医无药，只得到处寻找民间药方。群众得知情况后，纷纷前来相助。在多方救治下，谢立全的眼病被治愈，这充分体现老区人民对子弟兵的鱼水之情。

在整个抗日战争时期，老区人民对抗战作出巨大的贡献与牺牲。其中，西海老区有近80人参军，有近百人参加武装民兵，有数百人参加抗日群众组织，在抗日战争中牺牲了20余人。1942年10月，广游二支队主力部队撤出西海，顽军部队进占西海后，对参加广游二支队员家属，以及支持过抗日部队的群众，进行惨无人道的迫害。顽军把张流、林铨超、卢初、卢文等4人丢到河中活活淹死，没收了30多个广游二支队人员的家产，烧掉积极分子的茅舍和房屋200多间，损失农艇34艘。但是，广大群众并没有屈服，采取各种形式与日军、伪军和顽军开展持续的斗争。

二、抗日民族统一战线

1940年3月11日，毛泽东在延安党的高级干部会议上作《目前抗日统一战线中的策略问题》的报告，全面论述共产党必须坚持对国民党实行又联合又斗争，以斗争求团结的政策，深刻地阐明“发展进步势力，争取中间势力，孤立顽固势力”的策略方针和在同顽固派斗争中坚持“有理、有利、有节”的原则。中共南番中顺中心县委根据中共中央和毛泽东的指示精神，认真把独立自主地开展抗日武装斗争和开展抗日民族统一战线工作结合起来，通过各种形式的统战工作，团结、争取国民党中的中间派和进步派，团结、争取开明绅士和地方实力派等共同抗日，发展壮大抗日力量。

1940年3月大良沦陷后，国民党顺德县党部撤到鹤山沙坪，县党部书记长陈文洽要求同中共地方组织建立联系，合作抗日。6、7月间，罗范群、林锵云到沙坪与陈文洽谈判，达成了如下协议：国民党顺德县党部必须以抗日、团结、进步为宗旨；顺德县党部返回顺德县开展抗日工作；中共地方组织派人到县党部担任干事等职务，协助县党部开展有利于抗战、团结、进步事业的活动；等等。秋天，顺德县党部返回顺德六区黄连。中共南番中顺中心县委经请示中共广东省委，派遣李进阶、胡泽群、郑敏到顺德县党部进行抗日民族统一战线工作，并成立了党小组，由李进阶任小组长。他们在开展对国民党进步派和中间派统战工作的同时，注意创造条件建立中共地方组织领导的掩蔽武装和群众工作据点，及时掌握各方面的动态，配合番顺敌后抗日武装斗争的进行。经过努力，李进阶等人在勒流建立了两个掩蔽的乡队、护耕队武装；通过安排中共党员当小学教师等，在勒北、黄连、南水、小劳村等4间小学建立了群众工作据点。

1941年秋，国民党顽固派在珠江三角洲掀起反共逆流，阴谋消灭中共地方组织和人民抗日武装。陈文洽的立场开始动摇，他提出不能与党组织继续合作，并再度把顺德县党部迁到沙坪。但李进阶等得到同情抗日的顺德县六区区长廖竹溪（后任国民党顺德县六区区分部书记）的支持和保护，仍继续留下工作，于1942年夏才撤出。

1941年11月，中共南番中顺中心县委为了揭露国民党顽军破坏抗战的阴谋和行动，阻止国民党妥协投降势力的发展，团结各方面的力量共同抗日，粉碎日伪军对顺德地区的进犯，决定积极做好对友军的团结、争取工作，联合各地方武装共同对敌。中共南番中顺中心县委在征得吴勤同意后，由吴勤出面倡议，在顺德陈村召开各地方武装负责人会议。参加会议的有吴勤、刘向东、林小亚及顺德县三、四、五区地方武装负责人。会议经过讨论，决定成立顺德县三、四、五区联防自卫委员会，由林小亚任主任委员，吴勤任副主任委员。会上还通过了《抗日十大纲领》和《讨伐李朗鸡宣言》（“李朗鸡”为李辅群的绰号），作为日后顺德抗日民族统一战线的行动纲领。会后，联防自卫委员会集结了抗日武装700余人，统一由广游二支队司令部指挥。在抗日民族统一战线政策的推动下，顺德县部分地方团队相续参加了这个联防组织，在抗击日伪军进攻中，与广游二支队进行了一些联合行动。

顺德县五区莘村、良村、马村一带的地方实力派、自卫大队长曾岳，在大革命时期参加过农民运动；顺德沦陷后，他既不同日伪军来往，也不接受国民党的收编和委任，而是对广游二支队的抗战行动和谢立全等人表示敬佩。1940年底，曾岳曾邀请谢立全在其驻地莘村会晤。此后，谢立全向曾岳做了多次思想教育工作。西海大捷后，曾岳进一步倾向广游二支队，邀请广游二支队派人到他的队伍里帮助整顿和训练。1942年3月，曾岳在顺德羊额乡召集二、三、五区的地方势力头目开会研究联防事宜，特邀广游二支队前来指导。谢立全带一队战士前往参加会议。开会期间，突然遭日军袭击。谢立全即带领战士掩护曾岳等人安全撤退。事后，曾岳再次要求广游二支队派人到其大队指导帮助。4月，中共南番中顺中心县委即派党员干部卢德耀到曾岳大队工作，帮助其整顿和加强队伍。6月，中共南番中顺中心县委决定进一步加强同曾岳的联合，动员了50多名青年农民参加了曾岳大队，并由卢德耀等对其部队加强政治教育，整顿纪律，发展一批共产党员，在曾岳大队内建立了中共支部。曾岳委任卢德耀为副队长。不久，中共南番中顺中心县委又派军事干部郑惠光、黄江平、吴照垣等到曾岳大队工作。曾岳大队经过整顿后，积极与广游二支队共同抗日，多次配合广游二支队出击日伪军。

中共南番中顺中心县委和广游二支队还与地方的爱国人士建立了统战关系，一些爱国人士积极支持帮助广游二支队。比如，佛山镇的跌打医生李广海，顺德番禺县的医生罗守真、罗道珊、梁兆铭、欧致滔，都曾冒着生命危险，秘密接收和免费治疗广游二支队的伤病员。蓬莱小学校长陈椒蕃把他的家作为广游二支队的“后方医院”，经常接收一些伤病员，免费请医生前来治疗；陈椒蕃还经常为广游二支队代购生活用品，保存军需物资和转换部分战利品。

中共南番中顺中心县委和广游二支队积极开展统一战线工作，团结、争取了一部分进步势力，与一部分地方势力派建立了互相帮助、合作抗日的关系，获得了一批爱国人士和开明绅士的支持，从而进一步发展了抗日力量，为珠江敌后抗日游击战争的全面展开，提供了有利的条件。

三、都粘乡民主新乡政和乌洲人民联乡办事处的成立

1944年4、5月间，南番中顺游击区指挥部在西海召开大队以上干部会议。会议中心议题是：“七一”前在内部公开珠江纵队旗帜，培训部队骨干，把西海民主政权建立起来；会议后，西海建立地方党支部，何灿荣任支部书记，支委有黄牛、徐东、潘福、张柳金，并作具体分工；健全妇女会组织，由张柳金任妇女会长，举办两期妇女训练班，开设妇女识字夜校。6月底，西海

在顺德县内率先公开建立人民当家作主的都粘乡抗日民主政权，之后，在西海祠堂对面的广场召开群众庆祝大会，番禺、南海、三水、中山各地部队均派代表参加。

都粘乡抗日民主政权，全称是“都粘乡民主新乡政”，下辖都宁、绿道、桃村、横岸、南平、西海。该政权为委员制，并根据1940年3月中共中央关于《抗日根据地的政权问题》的指示，在人员组成实行“三三”制的原则，既有共产党员，也有党外的左派进步人士，还有地方实力派的开明人士。通过民主酝酿，群众选举的形式产生。乡长为何灿荣，委员有张柳金、黄牛、张开、梁成球、郭培福、张流等。新乡政拥有一个武装中队，黄牛任中队长，下设7个班，战士50余人。新乡政权的基本任务是：维护社会秩序，宣传发动群众，减租减息；支援部队战斗，开展对敌斗争；组织群众发展生产。设立陈村、林头、泮浦3个税站，印发税票，对来往货船实施按货量征收税款。新乡政成立后，根据实际开展“减租减息”运动，各地方实力派取消各自收禾农民票（保护费），废除“春耕”费，改由广游二支队统一收税，收入比例分成改为广游二支队占50%，新乡政占5%，地方实力派占35%，旧乡政（老更费）占10%。税率的征收按收成而定，一改以往地方实力派征收的随意性，在一定程度上减轻农民的负担。

都粘乡抗日民主政权建立后，顺德大队在乌洲、旧寨、碧江、麦村分别设立中小队，成为常驻武装，并与地方实力派建立统战关系，加强抗日民族统一战线，使乌洲的汉奸梁桂伟父子陷入抗日力量的包围之中。

乌洲乡以及毗邻的大洲乡、鸡洲乡，通称三洲，与禺南接壤，与西海一河之隔。梁葵（外号“胡须葵”）为乌洲伪乡长兼联防队长，勾结日伪军，平日欺压民众，霸耕夺田，勒收禾票、田税，放高利贷，横行四乡，有“乌洲皇帝”之称，手下有数十亡命之徒，盘踞于周围的3座炮楼。

1944年7月，广游二支队决定开辟三洲（大洲、乌洲、鸡洲）抗日游击区。在谢立全、严尚民的率领下，顺德大队联合市桥战斗后返程的南海抗日独立中队，共200余人，集中于路尾围，由当地男女青年用24艘小艇，秘密运载抵达乌洲河岸，悄悄行动至敌营元吉当楼附近隐蔽。当楼高且大，方圆10余丈（1丈约为3.33米），四周砌筑高墙，易守难攻。梁国僚率领6名战士，以拜访为名，直闯元吉当楼，智擒梁葵等人。霎时，梁葵的手下在碉楼居高临下，向战士们胡乱射击，大洲土匪周耀闻声前来救援。梁国僚等战士急中生智，扼守大门，控制俘虏，掏出手榴弹，警告周耀，并押着梁葵，喝令其阻止手下开枪。广游二支队预伏部队把伪联防队武装解除后，直奔元吉当楼，周耀见状，慌忙撤退。接着，部队开展强大的政治攻势，令众联防队员竖起白旗，开门投降，缴获机枪1挺，手枪、步枪50余支。此役打通了南（海）番（禺）顺（德）三县的军事交通要道，拓展西海基地的外围力量，使西海与三洲连成一片。

其后，广游二支队立即派出部队驻防乌洲，并派遣顺德大队政委马奔（化名“高乃山”）、黄纯真等人开展统战和群众工作。高乃山负责与大洲实力派周锡及乌洲的统战朋友接触，商谈抗战大事，治理地方治安，解决部队给养。黄纯真带领工作组，运用演戏、唱歌、街头演讲、家访等形式，向群众宣传抗战，组织农会、妇女会、动员参军等。经过两个多月组织筹备，乌洲以群众组织永裕会、嘤求社为基础，于1944年10月成立“乌洲人民联乡办事处”人民民主政权组织。办事处管辖范围为大洲、乌洲、鸡洲、霞石、上植、南涌，办事处机构设址乌洲；梁君亮任主任，委员有区任、区波、区黎、梁标、梁顺、梁柱等人。办事处下辖民运工作队，队长为黄妲，副队长为何煊、胡琼，队员有罗七妹、罗八、罗十妹、冯九仔等人。办事处成立后，发动群众，依靠群众，反对霸耕拍围，废除苛捐杂税，合理减租减息；防奸、防特、维护社会治安；联合一切抗日力量，配合、支持抗日武装队伍。办事处在成立期间，新编一个中队，中队长为严彪，副中队长为苏洪、黎洪，中队部设址乌洲，执行保卫乡政权的任务；开办妇女识字班，开设学校，成立儿童团，招收学生60余人；此外，在鸡洲谦益围和乌洲开办农场。为加强地方的统一战线，广游二支队领导谢立全与地方实力派周锡协商，达成协议，互不干涉内政，周锡提供7万斤粮食给部队作军粮。

1945年4月，抗日战争形势发生急剧变化，珠江纵队二支队撤离顺德，挺进西江。乌洲一带反动势力勾结国民党反动派，对抗日基地和民主政权进行“围剿”。为保存有生力量，都粘乡民主新乡政和乌洲人民联乡办事处被撤销，政权的有关组织人员分散隐蔽。

顺德民主政权的建立，虽然存在的时间短暂，但是在贯彻执行党的抗日民族统一战线的方针和政策方面，凝聚和壮大抗日力量，起到巩固和发展敌后抗战的胜利果实，为抗战从相持阶段转入反攻阶段，争取最后胜利发挥重要的作用，同时为日后政权建设积累历史经验。

第六节 夺取抗日战争的胜利

一、广游二支队重返西海

1943年12月，珠江三角洲中心县委于五桂山召开会议，传达中共中央关于全国形势的批示，贯彻中共广东省临委、东江军政委员会的决定，加强根据地的建设，发展壮大部队，打开南海、番禺、中山、顺德地区的斗争局面。

1944年6月，谢立全、严尚民、陈胜、黄友涯、马奔等军政干部陆续返回西海，并于7月初成立广游二支队第五大队，对外宣布为顺德大队，大队长为陈胜，政治委员为黄友涯，副大队长为何球，副政治委员兼政训室主任为马奔，组织员为陈其略，妇女干事为谭清，中队军政干部有梁国僚、梁奋、严彪、冯来、苏洪、邓斌、钟灵、黎洪、张开、马锦。顺德大队下辖榄核、西海2个中队；不久，又组建乌洲、旧寨、碧江3个中队和麦村独立小队，各中队均配有轻机枪和精良的长短枪。部队驻防和活动的地区，包括榄核、大洲、乌洲、西海、路尾围、碧江、杏坛、麦村、莘良马等地。主要任务是：第一，作战锄奸；第二，进行军事、政治、时事教育；第三，组织发动群众，宣传抗日；第四，保护群众利益（反霸耕、反苛捐杂税、维护治安）；第五，保卫、巩固发展政权；第六，做好统战工作。其间，部队利用战斗间隙以中小队为单位，集中进行军政训练和建党工作，着重提高部队军事和政治素质，并在大队建立党委，中队建立党支部，小队设立党小组，队伍发展至近300人。

1944年7月，顺德、南海、禺南3支部队联合进攻顺德乌洲乡伪联防队，全歼伪军，活捉伪乡长兼联防队队长梁蔡，缴获轻机枪1挺，长短枪35支。随后，部队驻在大洲一带。为打击伪军气焰，部队夜袭溢湄伪军肖公桌中队，全歼伪军，缴获轻机枪1挺，长短枪40多支；俘虏的伪军，经教育后释放；接着，又消灭了新涌口炮楼的伪军，炸毁了炮楼，破坏军械厂，缴获轻机枪7挺，长短枪、弹药一批。日、伪、顽军不甘心他们在军事上的失败，暗中任命西海的反动分子冯贵（外号“金牙贵”）为顺德县特务第二中队队长，组织人马，密谋破坏西海老区。顺德大队经过周密布置，伏击击毙冯贵等人，缴获机枪1挺，长短枪10余支，铲除了老区的隐患。

二、打破日伪军的“扫荡”围攻

1945年1月15日，广东人民抗日游击队珠江纵队（简称“珠江纵队”）在中山县五桂山区宣告成立，顺德大队编入珠江纵队二支队所辖大队，广大军民的抗日信心大大增强。为挽救危局，日本侵略军为确保在珠江三角洲的占领区，从1945年2月起，日伪军向南番中顺抗日游击区进行大“扫荡”。

早在1943年冬，广游二支队留守西海小队，通过旧寨统战友军周荣的关系，派邓斌带1个战斗班，以周荣护耕队的名义驻防旧寨；1944年7月，组建广游二支队顺德大队旧寨中队。1945年2月19日凌晨，驻容奇日伪军数百人，沿着容良公路，向旧寨和南畔发起进攻，驻地战士为掩护旧寨中队转移隐蔽，留下1个班和民兵数人，分别在旧寨塔和南畔炮楼狙击敌人，掩护部队和群众转移。

在人员和装备条件都处于不利的情况下，驻守旧寨塔的李国、苏雄、梁波、李卒仔、陈三珠5位战士，充分利用旧寨塔墙壁厚的特点以及居高临下的位置优势，利用为数不多的弹药以及事先搬至塔顶的石块，收起竹梯，成功阻击在机枪掩护下扑向旧寨塔百余敌人的轮番进攻。在久攻不克、劝降未果的情况下，日伪军改用火攻把一捆捆柴草堆放在塔周围，点火燃烧，浓烟直冲塔顶。战士们躲在死角避火坚持至天黑，日伪军见久攻不下，不敢再攻。午夜，5位战士从塔上跳到厚厚的冷却柴草堆上，穿过敌人的封锁线，回到乌洲据点。战果传开后，5位战士被称为“旧寨塔五勇士”。

1945年4月下旬，正当珠江纵队二支队顺德大队接到命令，准备向南（海）三（水）边境地区转移的时候，伪军第十四三师从番禺追踪到顺德西海“扫荡”。顺德大队当即决定，由陈胜、马奔、何球各带领一部，与西海民兵常备队一起，杀伤伪军部分有生力量后，再撤离西海。部队先在碧江新基炮楼狙击从陈村前来“扫荡”的伪军，然后又在都宁岗设伏，在桃村岗路口埋设地雷，以杀伤并拖住进犯之敌，他们与伪军周旋了两天，毙伤敌10多人，然后于第二天傍晚主动撤离西海，连夜从乌洲涌口乘小艇向南三边境转移，向粤北挺进。留下的50多人，由副大队长何球、中队指导员冯莱领导，在原地坚持斗争。7月21日晚，何球率5名队员从顺德鸡洲乘船向番禺榄核转移途中，遭国民党顽军伏击，何球壮烈牺牲。

1945年8月，根据中共中央、中共广东区党委关于挺进粤北，创立五岭根据地的指示，顺德大队在大队长陈胜、政委黄友涯、副大队长何球、副政委兼政训室主任马奔、组织员陈奇略的率领下，向广宁县四雍（雍和、雍睦、雍熙、雍宁乡）进军，与在当地坚持斗争的武装部队汇合，开辟广宁、怀集边境抗日游击区。1945年8月15日，日本帝国主义宣布投降，抗日战争顺利结束。顺德人民在中国共产党的领导下，前赴后继，英勇战斗，开辟了西海抗日基地，建立了抗日民主政权，沉重地打击了日本侵略军，为夺取抗日战争的最后胜利作出了重要的贡献。

4

第四章

武装斗争的发展和顺德的解放

第一节 恢复和发展武装斗争

一、中共组织的重新发展

1945年8月15日，日本帝国主义宣布无条件投降，中国人民取得了抗日战争的伟大胜利。抗战胜利后的广东人民，渴望复兴经济，重建家园。但是，国民党广东当局却执行蒋介石统治集团的“一党专政”、维持独裁统治、消灭共产党及其领导的人民武装的方针；以“剿匪”为名，对广东人民武装发动大规模的军事进攻。为了击溃国民党的“扫荡”，中共广东区党委根据中共中央的指示，在敌强我弱的形势下，采取分散坚持、保护干部、武装自卫的方针。各地人民武装执行正确战略战术，机动灵活地打击敌人，使国民党当局消灭人民武装的阴谋破产。按照中共中央部署，顺德抗日部队随东江纵队于1946年7月5日撤到山东烟台，绝大部分党员也撤离顺德县。

1946年7月，东江纵队北撤后，广东的局势随着全国内乱的爆发而发生了急剧的变化。国民党广东当局公然违背保证抗战游击队复员人员安全的诺言，逮捕和杀害珠江纵队复员人员及其家属，珠江纵队二支队留守队长何球遭杀害，其他队员或遭杀害，或被迫远走他乡，西海、龙眼等各老抗日游击区屡遭“扫荡清剿”，许多群众、“堡垒户”家园被捣毁，财产被视为“敌产”强行没收。

为适应新的斗争形势，广东省党组织作出了恢复广东武装斗争的决定。早在1945年7月，中共广东区党委着手调整南（海）番（禺）顺（德）党组织，划归广州市委组织领导。当年11月，广州市党组织将分散各地的一批党员干部，经培训后，陆续安排分配到顺德工作。当时凭借种种关系进入顺德县境隐蔽的地下党员有：在容桂地区活动的岑君成（桂洲籍人）、胡均、黄信明、甄碧瑞、游玉聪等，在勒流黄连一带以行医掩护的余民生及农民协会会员骨干李程等，隐藏在沙头糖厂的黎朝华等。

岑君成进入桂洲后，即联络其族内兄弟中热心教育的岑君厚等人，以兴校办学为掩护，开展工作。接着，党组织又从禺南先后派来党员干部，分别安置到容奇、桂洲辖属的小学任教，并选定以桂洲里村中心小学（简称“里小”）为据点。翌年初，在桂洲里小秘密成立地下小组，岑君成担任小组长。

1946年2月，中共广州市委为加强对顺德地下组织的领导，调派李株园担任中共顺德组织的特派员，负责顺德党的工作。李株园进入容奇后，逐步接上了进入顺德隐蔽的党员组织关系，指示全体地下党员，必须执行上级党委确定的“隐蔽精干，长期埋伏，积蓄力量，以待时机”工作方针，以职业掩护，力求站稳脚跟，务必建立良好的群众基础，培养和积蓄革命力量，等待时机，迎接革命高潮的到来。

1946年3月，根据中共广州市委部署，确定容桂地区（即顺德十区）为顺德党组织活动中心，以革命老区为重点，依靠老区骨干，全面恢复和发展党的各项工作。为此，根据李株园指示，黎朝华先后到龙眼、众涌、西海，通过艰苦的联络工作，掌握了珠江纵队留守部队人员，及地下党员关球、李程、卢厚添、马芝等人的隐蔽活动情况，接上了组织关系。同年12月，中共党员杨超、杨丽、罗秋云和进步教师梁景燊等，通过广州地下组织的内部关系，秘密进入北滘高村小学任教。随后，组织接收了曾德才、古禹明等一批党员，还培养了陈尚珍、梁景燊等进步青年参党，在高村小学秘密建立中共支部，负责人为杨超，使基层党组织的活动继续健康开展。

1947年，顺德党组织先后在大良，六区的黄连，七区的里海，八区的东村、安富、马齐、南华等村建立起据点，并拓展到中山县九区三角、牛角乡开展活动。其间，吸收杜启芝、黄健、马芝、朱峰、朱亢秀、黄哲君、梁雄、卢汉生等人加入中国共产党，从外地调入了邓绍明、杨丽、金秀雷、潘慧明、何子冷、刘章、陈雪清、黄毅等一批党员。党组织力量不断壮大。当年9月，为加强领导，中共广州市委增派黄静生为副特派员。

1948年3月，中共珠江三角洲地方工作委员会（简称“中共珠江地工委”）成立，顺德党组织隶属中共珠江地工委。6月，特派员建制被取消，中共顺德县工作委员会（简称“中共顺德县工委”）在容桂地区设立，书记李株园，副书记黄静山；下辖东村、容奇镇机关、细滘、桑麻、龙眼、众涌和中山县九区三角乡、凤仪乡下牛角等支部。1949年7月，容桂地区成立中共的区一级（南区）工作委员会组织，党员30多人，先后设立细滘、海尾、华丰沙、坝头咀、桂洲里小和容奇镇公所党支部或党小组。

顺德各级党组织的恢复和发展，在动员人民群众开展武装斗争，反抗国民党反动派，配合南下人民解放军，夺取顺德解放胜利的斗争，发挥领导核心作用。

二、建立革命据点

1946年，中共顺德地下组织研究分析当时形势和斗争策略，确定“以容桂（地区）为中心，向面上发展”的方针，先后在桂洲的容里、杏坛的东村、容奇的东风建立革命据点，在隐蔽中推进革命斗争的开展。

1945年11月，中共广州市委派遣岑君成返回桂洲原籍，以容里村小学教导主任为掩护，开展党的地下斗争。岑君成先后结识了十区教育会长区庆芝、剑雄小学教师杜启芝、罗森乐、刘展辰、刘立等进步人士，与他们建立起朋友关系。1946年1月，中共广州市委为加强据点的力量，相继调配黄展平、周守义、郑迪生等党员到容桂地区工作；1947年，发展杜启芝、彭铁生为中共党员。杜启芝在云端里的住宅成为地下活动的据点。1947年3月，党组织在上佳市成立民众自卫大队独立第四分队，从总体上控制容里社区。1949年4月下旬至5月初，中共珠江地委（1949年3月，中共珠江地工委改为中共珠江地委）在容里社区云端里（即乌泥塘）召开具有历史意义的工作会议，史称“乌泥塘会议”。随后，中共珠江地委机关进驻容里社区，容里成为珠江三角洲革命指挥中心。

东风原名为圩头（1966年改为现名），面积0.5平方公里，北临德胜河，是容奇繁华商业区、镇公所的驻地。堤外德胜河商船往来如鲫，大街商铺、酒家、食肆林立，冶铁、竹器、木器等手工业成行成市，便于党秘密工作的开展。1948年5月，中共顺德县工委调派党员干部胡均从滩南乡南华村转到容奇镇建立地下交通站。胡均到达容奇后，迅速与隐蔽在该地的中共党员接上关系。在他们的帮助下，胡均在东风五桂坊开办了一间蔗行，以经营糖蔗业务为掩护，开展党的各项工作。6月，五桂坊成为中共顺德县工委驻地。同一时期，容奇建设委员会建立，在该区开办糠米店、酒店、冰室，为党组织筹措活动经费。1948年10月，中共珠江地工委从澳门迁入圩头五桂坊。随后，容奇建立起武装自卫大队，成立中共容奇镇支部，负责人为吕子良，成为解放战争时期，顺德重要革命根据地。

杏坛的东村，方圆4.2平方公里，因位于甘竹滩之东而得名，地势险要，水上交通便利。抗日战争时期，广游二支队曾将此地作为据点，打下了较好的群众基础。为了开辟西区据点，与容桂地区据点形成掎角之势，1947年7月，中共顺德组织派胡均到该村附近的南华村开展工作。随后，党组织从容奇抽调梁子俊、甘毅夫妇到东村任教。年底，黄展平、金秀霞、金玉霞陆续来到安富、里海学校任教。1948年9月，中共东村支部成立，黄展平任书记。1949年2月，中共顺德县工委认为，滩南乡有“两面政权”庇护，以东村为中心的西区据点日益巩固，决定把县工委从容奇迁转东村，驻东村小学。接着，卢志明、黄健、余民生、黄佩兰、王殿桂、巫翠珍、黄金华、李洁文、陈永生、李株镜、朱枫、李洛文、梁业芳、李思明等党员相继调入西区。7月，中共西区委员会成立，黄展平任书记，东村党支部书记改由冯锡垣担任。中共顺德县工委迁驻东村后召开过多次全县性会议，对继续发展人民武装力量、壮大骨干队伍、党组织建设、统战工作、筹款筹粮、迎接解放军进入顺德等各项工作，进行部署。

在东村据点巩固的基础上，中共顺德县工委把力量转向里海、桑麻。1948年8月，黄展平、金玉霞、李洛文等从东村转入里海，开辟建立新的据点，成立里海党小组，组建人民自卫队，积极开展统战工作；与国民党地方势力邓翰谈判，向他指明大局形势，接受中共组织的条件，将其武装队伍改编为七区人民自卫大队，接受中共组织的领导。

1949年7月，桑麻党支部成立，甄碧瑞任书记。该党支部建立起地下交通线，在桑麻小学秘密设立印刷点，印制各类文件和传单；组建地下农民协会，辐射各村，分支组织共有28个，会员近千人，黄显祥任会长。在党支部的领导下，农民协会组建起一支地下武装队伍，开展建党工作。

这期间，中共顺德县组织还在均安沙头乡、外村乡细滘、海尾、龙眼、众涌开辟据点，建立党的基层组织，成立地下农民协会，组建武装队伍。以点带面，相互依存，相互呼应，为解放顺德积蓄力量，创造有利条件。

三、发展、壮大人民武装力量

1947年冬，中共广东区党委抓住广东的国民党正规军大部队北调打内战的有利时机，作出了恢复广东武装斗争的决定，提出“实行小搞，准备大搞”的方针。据此，中共顺德县组织开展恢复武装斗争工作，建立精锐的武装队伍。

1947年9月，从中原突围返回广东的解放军干部黄有权，根据党组织的指示，回到家乡沙头开展武装斗争。当时，沙头黄氏宗族有许多公偿枪支。黄有权通过黄氏宗亲的关系，组建起一支农民自卫军，取名为“忠义社”。忠义社制订《忠义社章程》，以“消灭反动封建势力，谋全体农民翻身，建立平等幸福的新社会”为宗旨；号召全体村民团结在忠义社周围消灭一切反动派，翻身做主人。至1948年3月忠义社发展至50多人，每人配有1支枪，并拥有1挺机关枪。为了加强对这支队伍的领导，中共珠江地工委调派中山县九区党组织负责人方群英到沙头担任领导，并从中山县三区、九区和澳门抽调一批党员，担任忠义社各级领导，按照人民解放军方式，加强队伍思想政治工作，强化军事训练。当地先后举办两期骨干训练班，由方群英讲授党课，黄有权讲授游击战术，李山负责文化教育。在培训的基础上，组建起沙头乡武工队。1949年初，武工队发展至近百人。

1949年中期，中共中央香港分局指示顺德党组织，力争创造条件，首先在容奇创立武装。根据这一指示，容奇党组织千方百计通过上层社会关系，领取“顺德县谍报大队第九组”的合法番号；以此番号筹建一支由党直接指挥的人民武装。1948年3月，这支“白皮红心”的武装队伍在容奇上佳市本仁善堂公开成立，继迁大良大石街，后又移回容奇，陈振任组长，队员有罗桐、关振英、胡笳等人。“白皮红心”的顺德县谍报大队第九组成立后，于1949年2月，以贯彻地方自治、接管容奇为由，改挂“民众自卫大队独立第四分队”番号，杜启芝任大队长，罗桐任副大队长，胡笳为副官，还组建起“直属独立第四分队”，陆续安插党员干部到各个中队担任干部，成为解放战争时期顺德党组织所建立的第一支人民武装力量。1949年5月，顺德党组织执行上级部署，先后奉命收编桂洲海尾、细滘、华丰沙、容里等乡村民众自卫队，以及容桂理发工会、单车工会、容奇水上护航队中的武装人员。至1949年中，又奉命对桂洲外村乡所辖的武装自卫大队进行收编，随之打出“容桂人民武装自卫大队”的旗号，辖属包括统战武装队伍合编为8个中队和2个独立分队，共计100多人，其中第四分队已建成3个班，每班配有1挺轻机枪、4支盒子枪、1支汤姆枪，常备兵力发展至40人。

1947年冬，荔霞乡“两面政权”建立后，乡长周兆喜（1948年10月加入中国共产党）策动周永雄、林焯、何少梅打入荔村洪门会，对洪门会会员进行阶级和形势教育，逐步改变他们的流氓习气，树立正义感，使这支乡村自卫队成为中共掌控下的武装力量。此外，外村乡、滩南乡等几支自卫队也控制在中共党员、进步青年和开明士绅手里。

这些人民武装建立后，组织农民进行反“三征”，肃清土匪，维持治安等斗争，以扩大力量，建立精干的武装队伍，在群众掩护下进行分散而有组织的活动，打击反动的地主武装和恶霸头子，初步显示了恢复武装斗争后的威力，为下一步大规模的武装斗争和组建粤赣湘边纵队顺德独立团打下了基础。

四、创立“白皮红心”政权

1947年6月，中共澳门中山特派员谢鹤到容奇检查顺德各项工作，传达中共中央香港分局《关于广东形势和赤色割据问题》的指示要点：顺德反动势力复杂，白色恐怖严重，敌我双方力量悬殊，应当运用革命的两手（指武装斗争和统战工作及“两面政权”和“两重政权”——编者）方法，对付反动派的反革命两手（原文如此——编者），引发群众斗争情绪普遍高涨的有利时机，建立“两面政权”“两重政权”，进而摧毁反动政权，为建立人民政权，创造有利环境。

根据上级党组织的部署，顺德党组织利用国民党搞所谓“民选乡镇长”的时机，疏通各方面关系，做好国民党县政府开明科处级官员工作，先后在中（山）顺（德）边的三角乡，县内的外村乡、滩南乡、荔霞乡、容奇镇建立了“白皮红心”的“两面政权”，把国民党乡镇政权演变为人民革命政权，实现革命割据。

（一）容奇镇“两面政权”的建立

容奇是顺德重镇，地处珠江三角洲水陆交通要冲，是顺德工商经济中心。抗日战争胜利后，各派势力接踵而来，划分地盘和势力范围，大体形成以商行和乡绅为主的两派。1948年秋冬间，国民党顺德县政府施行所谓的“乡村自治”及“民选乡、镇长”。中共顺德县工委根据斗争的需要，确定利用国民党“民选”的机会，决定由杜启芝参加镇长竞选，以夺取镇领导权，并争取各阶层的统战朋友的鼎力支持。当时关伯坚、关葆真、梁振中、区庆芝等头面人物，以及十区教育会、剑雄校友会、农会、商会、乡村各保代表，合力为杜启芝造势，遂以超过80%选票的优势而获胜。中共珠江地工委及时指示镇的党组织，通过掌握容奇镇的行政权力，必须做好五项工作：一是掩护珠江地工委机关及工作人员的地下斗争；二是发展由党秘密领导的“白皮红心”武装队伍；三是开展对社会中、上层人士的统一战线工作；四是利用容奇镇各方面的经济组织为党组织筹集活动经费；五是利用镇公所及其所属各基层组织的上下、纵横关系，为党组织收集情报。

1949年2月，杜启芝正式出任容奇镇长，掌握镇长权力，建立了“白皮红心”的两面政权。随后，杜启芝任命容里乡乡长，负责掩护党组织在容里地区开展斗争。上级党组织派出吕子良任镇公所秘书，秘密成立容奇镇机关支部。接着，镇公所按照中共顺德县工委的指示，逐步地撤换了原镇公所人员，安排一批党员和各阶层进步人士担任镇公所工作。特别是，以地方自治为由，免去“大天二”梁根所担任的民众自卫大队长职务，由杜启芝兼任；组建镇建设委员会。共产党开始掌控容奇政治、军事、经济、文化等领域。

共产党掌握容奇社会生活领域，有如下表现：首先，夏秋之间，国民党政府滥发“金圆券”“关金券”，造成通货膨胀，在人民群众中失去信用，形同废纸，市场交易已为港币代替。但当时最突出的问题是辅币缺乏。容奇镇一些店铺、酒楼、茶室各自发行辅币找赎。国民党十区党部把持的济群善社也发行辅币。抓住这一机遇，容奇党组织决定统一发行全镇统一辅币，以达到控制容奇金融经济。杜启芝以镇长的身份，做好工商界头面人物的工作，争取他们支持，然后宣布取消各家发行的辅币，由镇统一发行，面额为五分、一毫、二毫、五毫，首期发行总额为10 000港币，后增至15 000港币。这些辅币与港币具有同等价值，可随时兑换，从而保护各阶层的利益，深得民心。其次，征收市场租金。过去市场租金由土豪恶霸所把持，镇建设委员会成立后，宣布和市场租金统一收归镇公所。再次，征收码头租。容奇港十分繁忙，每日进入货物所收取规费数额十分可观，当时是由地方恶势力所把持分赃的。为了保证码头租费的征收，镇党组织建立起武装队伍——民众自卫大队独立第四分队，直接进驻各码头，征收各类规费，同时控制水陆交通，维护治安，保护商业经营。与此同时，容奇党组织办起了米店、糖楼（即糖坊）、酒家、冰室、蔗行，为中共珠江地工委和中共顺德县工委提供活动经费。

（二）滩南乡“两面政权”的建立

滩南乡位于顺德西部，毗邻南海、鹤山、新会，管辖右滩、安富、东村、南华4个自然村。滩南乡乡长黄健，抗战时期参加过抗日救亡活动。抗日战争期间，黄健深受省内知名爱国人士陈汝棠及中共党员李进阶、余民生的影响，不断追求进步，有强烈参加中共组织的愿望。1946年，国民党顺德政府委任黄健为六区区党部指导员兼滩南乡乡长。是年冬，黄健到香港找到陈汝棠，表示要加入共产党的愿望。陈汝棠向中共党员胡均介绍了黄健的情况，胡均随后向顺德党组织作了报告。1947年冬，经党组织考察，黄健被吸收入党。自此，滩南乡的政权掌握在党的手中，逐步衍变为“白皮红心”的政权。

当时，滩南乡有两股武装力量，一股是老土匪邓伟棠的队伍，已处于“收山”状态；一股是何卓队伍，属“少壮派”，但羽翼未丰，仅有十几支长短枪。根据顺德党组织的指示，黄健对两股武装队均采取团结和争取的方针，有事与他们磋商，减少对立，并推举何卓担任村务委员会委员职务；并根据实际情况，推行一些利民政策。

滩南乡政府对村务管理进行改革，成立村务委员会（简称“村委会”），由各村寨推举代表担任委员。村中重大事务均通过村务委员会决定，村委会设专人管理财务收支，账目透明，每季公布。这期间，乡公所办了不少顺应民心的好事，如筹建学校，组织甘蔗生产合作社，调解民事纠纷等等。具体是，村委会到广州联系乡亲募捐，拨出横水渡船收入，发动村民捐砖献瓦，促成东村小学建成开学；在组建甘蔗生产合作社时，设法申领到国际援助的化肥和豆饼50吨，使当年甘蔗等作物大幅增产；右滩与安富两村发生水利纠纷，两村宗族剑拔弩张，有一触即发之势。东村党支部指示地下党员配合支持乡公所，斡旋城乡上下，动员社会贤达，出面做好双方和解工作，使事端终于平息。滩南乡公所管理村务所作的努力，深受乡民称赞，获得乡民拥戴。滩南乡“两面政权”的建立与巩固，为顺德党组织向西区的拓展，创造了有利条件。

（三）荔霞乡“两面政权”的建立

周兆喜原是沙滘小学教师，思想进步，拥护中共的政治主张。1947年冬，周兆喜被顺德旅穗同乡会推荐为荔（村）霞（石）乡乡长人选，获国民党顺德县政府同意并发出委任状，而周兆喜却辞不赴任。1948年2月，中共党员卢克诚找周兆喜谈话，告诉他，推荐他任乡长是中共组织的决定，希望他迅速上任，上任后将乡公所现任职员辞退，发动乡人筹办小学，既可解决儿童入学，又可安排一批地下工作者，便于开展革命地下工作，并逐渐将乡政权过渡为党领导的革命政权。组织根据周兆喜的工作表现和意愿，批准他正式参加革命队伍。1948年10月，周兆喜被批准加入中国共产党。周兆喜上任后，以无力承担薪俸为由，辞退国民党县政府派来的两名职员，安排党组织派来的萧立民担任文书工作。通过乡亲父老，发动旅港乡亲捐集资金，如期建成小学，入学学生不分姓氏和地域，并免收学杂费，供应课本文具，解决了近千名村民子弟入学问题。周兆喜亲任校长，党组织派出李嘉、廖桂培担任教师，使学校成为党的工作联络点。为巩固乡政权，荔霞乡组织一支农民自卫队，在保卫乡政权，攫取情报，维护地方秩序，开展反“三征”斗争中，发挥了积极作用，深受乡民的拥护。1948年底，中共乡小组成立，相继发展何少梅、吴华加入中共组织，使党对乡政权的领导进一步得到加强。

第二节 发动工农反压迫、反饥饿的斗争

一、发动糖厂工人罢工

抗日战争胜利后，国民政府官员以各种方式对人民敲诈勒索，向各行各业征收税收多如牛毛。一时间，物价高涨，货币贬值。1946年元旦后，顺德糖厂以各种手段，克扣工人的伙食、夜餐费、红利金和寒衣补助，用这些钱囤米积糖图暴利。工人的伙食和夜餐一天不如一天。年终时，糖厂还迟迟不发放红利和寒衣补助金，激起广大工人的愤怒。初时，工人们以怠工表达不满情绪。接着，暗中将蔗汁糖浆当做污水排入河里，让机器空转，造成资本家的损失。过了几日，工人们发现夜餐又被克扣2两米，工人们忍无可忍，提出一定要厂方发给红利和夜餐费，否则“拼死也不干活”。

中共顺德组织认为，经历长期抗战苦难的糖厂工人，迫切地要求保障收入，保证安定的生活，作为党组织应当支持工人的合理要求，想方设法引导他们争取胜利，从而打击国民党反动统治。当时，在该厂当职员的地下党员黎朝华（化名“黎范”）找动力车间工人白超、黄成等人商量，决定以《抗议书》的形式，表达工人们的诉求，《抗议书》从一个车间传到另一个车间，从一个工人传到另一个工人，大家纷纷签上自己的姓名，印上自己的私章，显示出工人团结斗争的力量。厂长叶公武接到抗议书

后，企图以拖的办法对付工人的斗争。

抗议书发出第三天，白超、黄成秘密召集各车间代表会议，决定以罢工斗争的形式迫使厂方接受工人合理诉求。根据会议所制订的罢工方案，第四天早晨，压榨车间打响了停机的钟声。全厂停电，各车间机器停止运转，整个工厂瘫痪。厂方出动了荷枪实弹的护厂队，在交通道口架起机枪，实行全厂戒严，并要求工人派出代表谈判，企图从中抓捕罢工的领导人。工人们识破他们的诡计，为掩护黎朝华、白超、黄成，另选出其他几名工人当代表。在谈判中，厂长叶公武企图以金钱收买工人代表，但遭到代表们严词拒绝。工人代表提出复工条件：恢复半斤夜餐米，发夜餐费、发红利金，改善工人生活，承认工人的罢工自由。但厂方人员以把罢工工人抓去坐牢为威胁，使得谈判无法进行下去。

罢工第五日，厂方采用“苦心计”，由工务股长、总工程师陈尔显召集工人开会，宣读他的所谓家信，哭丧地对大家说：上级要求24小时内复工，否则要杀掉我。说完，陈尔显边哭边跪下向工人哀求，引得工人哄堂大笑。陈尔显恼羞成怒，灰溜溜地离开会场。随后，国民党县政府从广州调来两艘军舰，威逼工人就范。在这一形势下，党组织派人到广州，争取兄弟厂企工人的声援。

第六天，厂方害怕罢工继续下去，会进一步造成经济上的损失，终于答应工人们提出的条件，并在当日下午发放所克扣的工人夜餐费补助和拖欠的红利金。罢工斗争终于取得胜利。

顺德糖厂工人反盘剥斗争的胜利，使党与群众的联系更加密切，提高了共产党的威信，有力地推动了顺德革命局势的发展。

二、华丰沙农民反“清乡”斗争

1946年下半年，国民党广东当局部署“绥靖”“清乡”计划，实行“联防联剿，联保联坐”，限期全面“肃清”各地人民武装，镇压民主运动，推动“三征”（征兵、征粮、征税）苛政，加强法西斯统治。针对国民党广东当局的倒行逆施，中共广东区党委指示各地各组织改变方式，坚持长期斗争，争取最后胜利。在顺德党组织的领导下，华丰沙农民首先掀起波澜壮阔的反抗暴政的自卫斗争。

1946年，中共党员胡均等2人来到十区桂洲华丰沙第四十九保学校，以教师为职业，开展党的工作。他们与群众建立密切关系，通过深入开展反压迫反剥削的教育，使群众认识到只有依靠自身的力量才能摆脱剥削和压迫。农民梁永能、梁东能（后加入中共组织）、岑怡科、岑锐流等8名积极分子，逐渐成为核心；继而开办夜校，招收学员30多人。学校不仅成为农民学习文化的地方，也是动员农民开展进步活动的场所。

长期以来，华丰沙乡保长杨新恃势欺压贫苦农民，无恶不作，村民对他敢怒不敢言。当年夏天，杨新为了一件小事，把年仅十二三岁的童工陈富添打至重伤后，丢弃屋后的猪栏。受伤的陈富添刚好被路过的梁东能看见。随后，梁东能把这件事告诉了胡均。晚上，胡均在夜校上课时，将陈富添被无辜打至重伤的事情向大家宣讲，号召全体乡民团结起来，与村中黑暗势力作斗争。第二天，乡民们纷纷涌到杨新家抗议。杨新怕把事情闹大，只好认错，请来医生为陈富添诊病，还在家中备办酒席，请村民吃饭，赔礼道歉。随后，胡均又联络乡民，请求乡公所罢免杨的保长职务，推荐梁永能出任保长。

秋天，外乡一股地主武装，恃强凌弱，凭借防洪筑堤，强迫各乡交纳钱财，从中搜刮民财。一日，这支武装人马荷枪实弹闯入华丰村寻衅，打伤乡民陈坤、陈沛池、陈有娣三姐弟。胡均知道后，马上联系新任保长梁永能组织群众，到乡公所请愿，要求县参议员、乡围董事长杨敏达主持公道。在群情汹涌的情况下，杨敏达只好召集有关方面在容桂济群善社谈判，迫使肇事者承认错误，负责治理伤者，赔偿经济损失83担（每担为50公斤）稻谷。这些斗争为开展下一步的武装斗争和建立游击根据地打下了基础。

三、反“三征”斗争

1947年起，中国共产党领导下的人民解放军从防御转入反攻，国民党政府宣布实行“戡乱动员”，以强力手段处置“危局”，国民党顺德县政府加紧推行“征兵、征粮、征税”苛政，加强法西斯统治。据此，中共珠江地工委作出指示：“农村各阶层反蒋‘三征’的统一战线，这是个以广大劳苦农民（中农、贫农、雇农）为主，联合地主、富农、士绅、工商业、华侨的统一战线，对于这个斗争思想上的认识是非常重要的。”顺德党组织和人民武装遵循中共珠江地工委的指示，因势利导，在革命据点组织农民进行反“三征”、肃清土匪、维持治安等斗争，以扩大力量，建立精干的武装队伍。反“三征”斗争很快蔓延到各乡村，进而辐射全县10个行政区域，以及中山县的三角、牛角、南头等地，以拖交、拒征、抗交等方式，从秘密到公开，从说理到武装相抗，开展了针锋相对的斗争，最大限度地保护人民的利益。

为了加强领导，中共珠江地工委调派党员干部方群英以低沙、孖沙及牛角等地一带为据点，发动广大农民，恢复农民协会组织，掀起以减租减息为主要内容的反“三征”的斗争。通过反“三征”斗争，党组织培养了一批骨干，建立起从中山五桂山根据地经中山九区并连接顺德容奇坝头的一条地下交通联络线。

桂洲华丰沙农民组织武装自卫。1947年7、8月间，桂洲乡公所派出七八个乡丁到华丰沙“拉丁”，一进村，村民一边大呼“贼佬入村”，一边鸣锣报警。顿时，锣声、吆喝声、捉贼声响成一片，村民拿着扁担、棍棒，从四面八方涌来，把乡丁包围。农民陈作还把入村的桥梁拆掉，吓得乡丁们放下武器，狼狈而逃。乡公所以后再不敢派人到该村“抓丁”。

大良近郊大门乡屡遭国民党政府警队进村强征兵粮。隐蔽在植本小学的进步教师罗子峰、冯宗敏（后加入中国共产党）依靠乡内一批老农协会骨干组合成一支拥有20多人的自卫武装力量。中共党员劳汉生紧紧依靠这支武装队伍，与他们商讨反“三征”的策略，共同做好村中士绅李光的工作，促使李光站在农民一边，每遇抓丁人员进村，就由李光出面周旋，警告抓丁人员留有“后路”，不要逼得村民反抗，酿成大事。自此，乡公所不敢派人到大门村“抓丁”。

在东村，1949年1月，顺德县国民政府军事科、田粮处、税捐处等相关部门会同杏坛警察所，由所长欧湛深率领武装警察20余人闯入东村，意图武装催征。他们一进村，便在周围布防放哨，气势汹汹。中共党员冯锡垣以副乡长的身份出面周旋，积极分子廖晚福动员一批群众聚集到乡公所，表面是看热闹，实则准备反抗；黄健策动地方势力何卓以维持地方治安为名，持枪监视，严阵以待。警察所长见形势不对，无法逞强，唯有服软敷衍，要求冯锡垣护送他们出村，实际是怕村民袭击。

顺德党组织领导农民进行反“三征”斗争，将广大人民群众，包括城镇小资产阶级、开明士绅等各阶层人士，团结在中国共产党的周围，从政治上孤立国民党统治者，打击了最反动的地主武装和恶霸头子，初步显示了恢复武装斗争后的威力。

第三节 党组织的进一步发展

一、中共顺德县级领导机构的建立

中共顺德县工委成立后，根据中共珠江地工委澳门会议精神，要求各级党组织，继续广泛发动群众，深入开展反“三征”斗争，创造条件，组织各种形式的武装，壮大自己的力量。

1948年10月，中共顺德县工委在容奇召开会议，各党支部负责人参加。会议总结滩南、荔霞两个乡级“白皮红心”政权和容奇镇“白皮红心”武装队伍建立的成功经验，强调要做好统一战线工作，最大限度团结各方面爱国人士，孤立、打击反动分子，创造一切条件，加快武装斗争发展步伐。中共珠江地工委书记黄佳在会议期间，与各党组织负责人研究统一战线相关工作，提出做好知名人士、地方武装头面人物的争取、利用、转化、团结工作。

1948年年末，中共顺德县工委在杏坛东村召开会议，学习上级党委有关文件，研究组织新的斗争高潮，确定在中区开辟新据点战略。

1949年2月，中共顺德县工委迁至东村。为加强领导，经中共珠江地工委批准，将全县党工作实行区域负责制。南区由李思明、杜启芝、吕子良负责；中区由黎朝华、李程负责；西区由黄展平负责；北区由郑迪年负责；大良由张晴、何秋如负责；中山县九区三角、牛角、南头由县工委直接负责。

1949年5月，中共顺德县工委在杏坛东村召开工作会议，传达贯彻乌泥塘会议精神。会议结合分析全县形势，作出决定：大力恢复和发展农民协会，培养骨干；加强党的组织建设，发展党团员，掌握枪杆子，壮大人民武装队伍；开展宣传攻势，做好统战工作，团结争取中间势力，孤立打击最顽固的反动分子。

1949年7月，为实现统一领导，中共珠江地委决定将中共顺德县工委并入中（山）顺（德）边县工委，方群英任书记，副书记为李株园。中共中顺边县工委分设中区、南区、九区、中西区、中山县三区、中山县九区共6个区工作委员会。南区书记李思明，委员杜启芝；西区书记黄展平，委员金秀霞；中区书记黎朝华，副书记李程，委员何秋如；中山县三区书记张枫，委员吕胜、叶超；九区书记梁泰猷，副书记邓永年，委员苏权。下辖11个党支部，5个党小组，党员136人。根据中共珠江地委的部署，为迎接顺德解放，开展各方面准备工作。

二、地委机关进驻容桂地区

1948年10月，中共珠江地工委从澳门迁到容奇圩头（现为东风社区）五桂坊11号。当时，中共珠江地工委在附近开设“营蔗行”和“新生冰室”，在相公庙租赁一间房屋作为交通站，作为活动据点。1949年3月，中共珠江地工委改为中共珠江地委。4月下旬至5月初，乌泥塘会议召开，地委书记黄佳主持会议。参加会议的人员包括辖属的南海、三水、番禺、花县、禺北、五桂山，中山的三区和九区、斗门党组织的负责同志，中共顺德县工委正副书记李株园和黄静生也出席了会议。会上传达了中共中央有关指示和华南分局赣州会议关于解放广东的指示精神要点：（一）中国人民解放战争即将取得伟大胜利，要将革命进行到底，迎接人民共和国的诞生；（二）敌人是不会自行消灭的，对敌斗争将更复杂而尖锐；（三）扩大革命阵营，更要重视革命同盟军作用；（四）发展经济工作，做好社会调查，积极配合大军解放华南。会议确定珠江地区党的工作今后的方针是，“到处放点，到处生根，在广泛发动群众反‘三征’斗争中，发展人民武装，发展党、团及革命群众组织；运用和发展游击战术，组织地方武装起义，迎接珠江三角洲的解放”。会议强调，发动群众反“三征”的斗争，仍是当前的中心环节。按照“分散发展，钻敌空隐，歼敌小服”的方针，发展武装队伍，壮大自己，掩护群众斗争，进一步加强党的工作。乌泥塘会议的召开，为珠江地区各级党组织指明了今后工作的总方针和任务，为迎接顺德的解放创造了有利环境，奠定了坚实的基础。

会议结束后，中共珠江地委进驻云端里，容桂地区成为珠江地区革命指挥中心。

第四节 顺德的解放

一、统战工作的广泛开展

顺德县的统战工作，在抗日战争时期就形成了一定的基础。但珠江纵队北撤后，国民党广东政府在地方政权推行所谓的“中央化”，排挤打击以往与共产党关系密切的爱国民主人士，使统战工作遭到打击。全国内战爆发后，各界群众越来越看清国民党反动派的丑恶嘴脸，反抗、仇恨国民党反动统治的情绪日益明显，国民党内部矛盾也日益激化。为了争取各方同情和支持革命的力量，孤立和打击主要的敌人，顺德党组织利用敌人的各种矛盾，抓住有利时机，广泛开展革命统一战线的工作。

1945年11月，岑君成、李株园等党员陆续进入顺德后，就与容桂教育界进步人士区庆芝、杜启芝、罗森乐、冯展辰、刘立等建立朋友关系。顺德十区教育会和剑雄小学校友会是进步团体，大部分会员是中青年教师，剑雄小学校友会会员以社会各阶层的中青年居多，他们对国民党反动派施行政策不满，同情中共领导的人民民主革命。中共顺德组织同志深入这两个团体中，与他们交朋友，揭露国民党反动政策，宣传共产党建立自由、平等、民主、富强社会的主张，逐渐团结一大批会员。1946年，在进步人士的帮助下，20多名党员陆续到里海、黄连、勒流、大良、杏坛学校任教，建立起隐蔽据点。容奇进步青年杜启莘（杜启芝之弟）利用押运（香）港桂（洲）货物的工作便利，帮助党组织秘密运送党的文件和《正报》《群众》《华商报》等书刊。一次，船至万顷沙被自卫局搜查，杜启莘遂被逮捕，转解广州审讯、受酷刑，而他坚贞不屈。后经党组织设法营救，杜启莘方才出狱。进步教师岑公棣主编的《容奇教育》，揭露和抨击反动当局的反共、反人民的政策，深受教育界进步人士欢迎。

1947年，顺德党组织在广泛发动农民群众的基础上，联合地主、富农、士绅、工商业、华侨等各阶层人士，开展轰轰烈烈的“三反”斗争。1948年，顺德党组织注重开展对国民党县政府上层人物的统战工作，利用敌人内部矛盾，通过各种社会关系和渠道，采取写信、约见、签订秘密协议等方法，与他们长期保持联系，促使他们早日站到同情、支持人民的一边。杜启芝通过在国民党县政府任秘书的谭继行（1949年加入中共组织）的关系，加入顺德谍报队，并取得番号，于1948年3月在容奇上佳市成立“顺德县谍报队第九组”，成为解放战争时期中共在顺德县内建立的第一支秘密武装。7月，顺德刑警队成立之际，顺德党组织及时将谍报队第九组组员安插到刑警队部和直属组，从而控制了这支警队。这一年，顺德党组织又发展了一批新的统战对象，进而团结和争取了相当数量的开明人士。党组织先后与广州顺德同乡会、顺德县商会建立关系，定期与他们饮茶、吃饭、交流情况，从中掌握不少情报。在他们暗中帮助下，杜启芝、黄健分别当上镇长、乡长和县参议会代表。沙头党组织团结了豸浦乡乡长胡文秀、南浦医生梁道生、绅士李卓华等人，与他们建立起友好关系。

1949年，顺德党组织对土匪等人员实行争取、教育、改造和利用的政策，展开了强大的政治攻势，敦促大批地方武装弃暗投明；形成“少树敌、多团结、集中力量对付主要的敌人”的局面。入夏后，人民解放军直指华南，伦教“大天二”梁骚妹意识到国民党反动政府即将垮台，忙于寻找“出路”。荔霞乡党小组加紧策反梁骚妹的工作，宣传中共对起义人员的政策，促使其认清形势。经过统战工作，梁骚妹表示接受改编，并交出港币2 000元，捷克轻机枪2挺，步枪、手枪、手榴弹、子弹一批。在里海，黄展平与“大天二”邓翰谈判后，邓翰接受了中共提出的条件，表示不参加国民党的任何组织，并将队伍改编为七区人民自卫大队，交出数十支枪械，支援武工队用以维持治安。此外，马宁的曾宪、麦村的麦培、齐杏的陈贻芳、大良九眼桥的周九、旧寨的周欣、白石的董源、赵源等地方武装也不同程度地接受党组织的条件，站在人民的一边，成为革命的盟友，从而排除了障碍，减少了阻力，为顺德全县解放，制造了有利因素。

二、成立顺德人民起义军

1949年6月，在中共珠江地委书记黄佳主持下，中共中顺边县工委在中山县海洲召开扩大会议，传达中共七届二中全会精神，强调加强党的统一领导，并就如何开展武装斗争问题进行了讨论研究。会议认为：可以采用武工队、武工小组、人民起义军、起义军某某大队等名义，组织武装队伍；通过扩大武装队伍，做好支前准备，迎接南下人民解放军。

根据会议部署，顺德各级党组织通过秘密串联，形成各据点。至1949年7月，一区旧寨，二区鸡洲、伦教，五区小劳村，六区众涌、龙眼、冲鹤，八区杏坛，十区马冈、桂洲分别组建起义军，总数1 200多人。重型武器有：13厘米机关炮2门，重机枪5挺，轻机枪28挺，掷弹筒2支；起义军以武工队为骨干，以农会会员和农民为基本队伍，属半武装性质群众组织。其中有一部分是经过改编、收编的地方势力的武装，但人数不多。队员执勤时佩戴布质袖章。

1949年8月，中共中顺边县工委决定对起义军进行整编，成立顺德人民起义军，总负责人为黄静生，分别在龙眼成立北区指挥所，在桑麻成立南区指挥所。北区指挥所由李程负责，编成龙眼、众涌、冲鹤、鸡洲、旧寨、马冈6个大队，共600余人，其中持枪的有140余人，分别由李程、卢厚添、潘元根、卢桂荣、周渠、冯祺任大队长；南区指挥所由黄哲君负责。

顺德人民起义军下辖5个大队和1个独立中队。第一大队由桑麻、杏坛、马齐、谷粉4个中队组成；第二大队由吉祐2个中队、南朗和古朗1个中队组成；第三大队由麦村2个中队、罗永1个中队组成；第四大队由改编的联防大队组成；第五大队由改编的麦培中队组成。独立第五中队，为南区指挥所直属队伍，共540余人。部队整编后，对150名骨干进行军事培训。

1949年9月，顺德人民起义军以司令部的名义发布公告，敦促“大天二”弃暗投明，宣布人民解放军保护人民的生命财产，保护工商农牧业，保护文化教育医院及一切公共事业，保护城乡治安等。其政策受到各阶层人士支持和拥护。顺德人民起义军的成立，对于维护社会治安，做好支前工作，配合南下大军解放顺德，发挥了重要作用。

三、组建粤赣湘边纵队顺德独立团

1949年1月，中共中央香港分局就向各地党组织发出指示，要求各地委迅速组建主力部队，编成粤赣湘边纵队下属的支队、大队、中队，统一编制。5月，中共中顺边县工委召开会议，就此问题进行讨论研究，分工黄有权负责武装工作。会后，中共珠江地委就从中山县五桂山根据地抽调廖仲熙、照满、杨兴等5名排级干部，从澳门抽调彭健、敖游、何生等几名大学生，到顺德人民游击队工作。7月，中共珠江地委书记黄佳主持召开中共中顺边县工委扩大会议，宣布经中共中央华南分局批准，决定以“粤赣湘边纵队”番号，组建顺德独立团，团长为黄有权，政委为方群英，副政委兼政治处主任为刘云，政治处副主任为黄静生。

顺德独立团由各地党组织领导下的武装队伍组合而成，下辖第三营、北江大队和中山县三区、九区的“纪雄”“纪文”“纪光”3个武工连队。第三营营长为张涛，教育员为罗凤，下辖七、八、九连，共100余人。第七连前身是均安沙头忠义社发展起来的顺德人民游击队，连长为陈林；第八、九连原为龙眼和众涌农会的武装队伍，分别由刘德、马芝任连长。北江大队由胡庆昌（代）、罗桐任正、副大队长，下辖3个中队，分别为二十七、二十八、二十九中队，共200余人。第二十七中队队长苏明、指导员梁科，来自细滘、海尾农民武装自卫大队和华丰沙农民自卫队；第二十八中队队长由胡庆昌兼，指导员吕子良，原为桂洲外村乡农民自卫队成员；第二十九中队队长为彭铁生，指导员为程肇芳，原为容奇镇自卫大队第四分队及绿榕坊、石阁、泽培围、塘涌、四方等地农民自卫队成员。中山县三区、九区由“纪雄”“纪文”“纪光”3个武工队改建为3个连，“纪雄”连连长为梁泰猷，“纪文”连连长为萧权，“纪光”连连长为汤忠，合计200余人；下设8个党支部，党员62人，团支部3个，团员40人。

1949年2月，顺德独立团第三营三个连队集结于杏坛麦村。10月14日，广州解放后，根据中共珠江地委的指示，顺德独立团各部队集结于甘竹滩，公开亮出中国人民解放军粤赣湘边纵队顺德独立团番号，形成对大良、容奇包围之势，筹集粮饷，迎接人民解放军大部队的到来。

四、人民解放军占领大良

1949年4月23日，人民解放军突破长江天险，解放南京。7、8月间，人民解放军南下主力部队在湖南、江西、福建等地接连对敌人发动强大攻势，取得重大胜利。8月初，中共中央提出了进军华南、解放广东的战略任务。9月11日，在叶剑英主持下，中共中央华南分局在江西赣州召开扩大会议，布置了各地配合作战和支前工作，为解放华南而努力工作，要求做好城市的接管工作，安定秩序，团结人民，迅速恢复和发展生产。

早在1949年7月，合并后的中共中顺边县工委坚决贯彻中共珠江地委的指示，动员各级党组织和人民武装全力以赴，争分夺秒做好迎军支前的各项准备。赣州会议后，各地下党组织根据会议精神，结合顺德的实际以武装斗争为重点，深入农村，访贫问苦，组织群众开展反“三征”斗争，采取“团结对敌，以敌制敌，分化众敌，孤立顽敌，钻入内敌，打击恶敌”的方针，进一步巩固在滩南、荔霞、容奇等乡镇所建立起的“白皮红心”政权。桑麻建立起顺德第八区农民协会联合会，在各乡建立起28个分会，造成对县城大良的包围态势。中共南区区委召开容桂农工商学各界人士代表会议，成立半公开的“支援解放委员会”，推举十区教育会会长、容奇商会理事区庆芝为主任。会后，当地掀起迎军支前的高潮，发动“单车”工会工人，修好了一条由容奇至中山县黄圃的“单车”公路，筹集了粮食、船艇、机油等一批支前物资。各区武工队员深入各镇、村庄巡回宣传，通过邮寄函件、张贴传单等，传播人民解放军大进军的胜利形势，宣传人民解放军“约法八章”。大良地下组织建立地下交通站和情报网络，成立以大良青年解放协会和工作队，开展护厂、护校、护城工作。顺德糖厂工人发起请愿活动，挫败国民党县政府拆迁糖厂的阴谋。在主要交通要道的乡村，动员群众，组织担架队参加运输、供应，做向导，提供情报，为解放军主力部队迅速解放顺德，创造有利条件。

在人民解放军胜利进军的形势下，国民党反动当局企图作垂死挣扎。1949年8月，国民党广东暂编第一纵队撤到容奇。国民党县政府召开所谓“治安会议”，大呼“地方人士要尽忠党国”“严防共党捣乱顺德”。中共组织通过各种渠道，敦促国民党军政人员和乡村土豪，认清形势，争取起义立功赎罪。杜启芝以镇长身份，劝说第一纵队军官，不要与人民为敌，弃暗投明才是唯一出路。

1949年10月14日广州解放后，驻容奇国民党广东暂编第一纵队邓锷伙同地方土豪彭鼎等人，策划假“解放”阴谋，企图夺取政权。15日，邓锷令他的部队摘掉国民党帽徽，戴上写有“礼”字的臂章，在大戏院召开各界大会，宣称容奇由他们“解放”了，不准其他军队进驻，还要各处挂五星红旗。彭鼎纠集一班人，闯入镇公所强行接收政权。当晚，中共南区区委与邓锷部、彭鼎一班人针锋相对，在容桂大街小巷、码头、茶楼到处张贴中国人民解放军布告，并以杜启芝名义发出《通告》，宣布：容奇民众自卫大队，接受中国共产党领导，改编为中国人民解放军，迎接南下大军，戳穿邓锷、彭鼎一伙制造假“解放”的阴谋。

17日，容桂地区自卫大队约200人集结在西滘海尾，动员了农民几十艘小艇，渡过桂洲水道，进入中山县九区孖沙，与中山武工队会合。18日，自卫大队整编为中国人民解放军粤湘赣边纵队北江大队，由杜启芝任大队长，下辖3个中队。25日，北江大队再渡桂洲水道，返回容桂海尾集结待命。27日，北江大队在中共珠江地委和中共中顺边县工委领导黄佳、郭彪、刘云率领下，进入容奇，在何地岗、大凤山一线设防，对邓锷部队形成包围之势。28日，粤赣湘边纵队一团从番禺市桥挺进顺德。下午2时进入县城大良，与顺德独立一团胜利会师，国民党政府保安团400余人缴械投降。29日，驻容奇国民党广东省暂编第一纵队邓锷部放下武器投降。至此，顺德全境解放。

县城大良解放的第3日，即10月30日，容良地区军事管制委员会宣布成立，方群英任主任，刘云、黄有权任副主任。1950年3月20日，顺德县人民政府成立，郑群任县长，黄云耀、陈胜为副县长。顺德县人民政府的建立与顺德的解放，标志着顺德国民党统治的崩溃和顺德人民的新生。从此，顺德进入新的历史时期。

第五章

建设发展时期

第一节 老区建设

1949年10月28日顺德解放后，中共顺德县委、县人民政府就重视老区工作，把老区工作列入议事日程，协调各方面力量，扶持西海、桃村、大洲、乌洲经济的恢复发展。曾经在老区战斗的老同志、老领导纷纷回来，探望、慰问老区人民，帮助老区人民医治战争创伤，帮助解决生产、生活上的困难。1954年，原广游二支队大队党代表郑少康，为解决西海、桃村生猪饲料不足问题，主动联系广州饲料厂，将该厂的“糟水”供应给这两个村，促进这两个村生猪饲料业的发展。1956年西海村上市生猪达4 000头。1959年，原广游二支队教官谢立全返回西海，通过有关渠道，为西海增加化肥供应指标。原珠江纵队司令员林锵云在担任广东省副省长期间，先后返回西海十几次，帮助解决当地困难。1962年西海遭受洪水，堤围崩毁，林锵云知道后，马上调派汽车，运送西海干部赶赴湛江，买回耕牛，保证来年及时开耕。

1980年2月，广东省革命老区建设委员会召开全体会议，强调：搞老区建设，对繁荣经济，实现社会主义现代化有着重要意义。根据会议精神，中共顺德县委决定将老区工作归口顺德县民政局负责。政府从经济资金上，加大对老区扶持力度，对老区从贷款、购销、税收及其他经济方面实行优惠政策，对老区建设所需的经费、物资按系统归口列入正式计划。1979年至1990年，省、市、县、镇四级财政拨出各项建设资金达612万元。民政、交通、水电、卫生、教育、农业、金融等部门也为老区解决了不少困难，使老区初步改变面貌，商品经济不断发展，群众生活得到改善。

访问老区，是党和人民政府加强同老区人民联系的重要方式。1988年1月，中共佛山市委、市人民政府组织以副市长欧阳洪为团长，农业委员会主任黄源贤、民政局局长彭广大为副团长的佛山市老区慰问团，分别到西海、桃村、三洲老区进行慰问活动，召开老区干部、群众座谈会，上门走访老游击队员、烈士家属、堡垒户，向他们赠送纪念品，为老区群众放电影。慰问团所到之处，受到老区人民的热烈欢迎。慰问活动结束后，中共顺德县委重新研究开创老区建设新局面的问题，确定今后老区建设的指导思想，即从实际出发，因地制宜，充分发挥当地资源，发展商品生产，增强经济活动，逐步增大工副业在经济中的比例。

1991年5月3日，顺德县人民政府发出《关于加强我县老区建设的通知》，强调要“进一步提高支持老区建设的认识”“没有老区人民的流血牺牲，就没有我们的今天”“要把支持老区建设作为义不容辞的责任”“在很多地区富起来的情况下，如果我们不重视支持老区，就对不起老区人民，也会拖全县经济发展的后腿，我县老区比例不大，且比其他贫困地区的老区条件要好得多。凭我县现有的经济条件，只要调动各级的力量，完全有能力，有可能帮助老区人民逐步富裕起来”。文件提出支持老区发展的措施有：（一）对老区的工业、农业项目，在国家产业政策允许下，优先立项，优先办理工商登记；（二）对老区工业、农业项目的资金，要积极帮助解决，实行优惠利率；（三）对老区工业企业实行优惠税收；（四）老区企业征地的各种税费，属县掌握的部门，经批准给予减免；（五）镇或县属工业扩散产品零部件加工时，应优先扩散到老区；（六）交通、供电等部门要扶持老区搞好基础建设，改善投资环境；（七）帮助老区兴办一些急需的公益事业，县财政拨款20万元，帮助大东小学改建；县财政支持10万元，县交通支持5万元，帮助西海二支公路建设；（八）提高老区革命老人定额补贴，从每月50元提高到80元，为他们购买简易人身保险和住院医疗保险；（九）各镇和有关部门增加对老区的财力物力支援，使老区建设有一个大发展。

2008年1月，中共佛山市委办公室、市人民政府办公室发出《关于进一步加强革命老区建设工作的意见》后，顺德区人民政府结合实际，从各方面采取措施，加大对老区建设扶持力度。一是推进农业现代园区建设，对革命老区的农田基本建设实行专项资金补贴；二是对完全被征地的老区农民提供养老保障，使他们"老有所养、痛有所医、难有所帮"；三是提高28名"五老"（老党员、老游击队员、老堡垒户、老交通员、老苏区干部）人员生活补贴，定为每人每月480元，每年"八一"建军节、春节各补助慰问金3 000元；四是帮助解决6个革命老区275户、657人的居住问题，让他们尽快住上新房，进一步推进革命老区建设发展。

中共十八大召开后，佛山市营造优良发展环境，突出发展质量和效益，全面推动社会经济。在建设社会主义新农村的方针指引下，各级党委、政府加大对革命老区经济建设扶持力度，统筹协调、鼓励、引领老区珍惜和保护生态资源，从容发展，坚持规划刚性原则，确保经济建设按规划有序推进。2017年10月，中共十九大召开后，中共顺德区委、区人民政府贯彻中共中央总书记习近平关于革命老区建设发展的重要指示，不忘初心，牢记使命，带着深厚感情，加大力度支持和推动老区加快发展。一是加快产业扶持培育力度，符合条件的重大项目优先向老区安排，着力发展旅游，特别是休闲观光农业等特色产业，让老区增收致富；二是推进民生基础设施建设，大力提升教育、医疗、文化等公共服务水平，推动老区城乡居民基本公共服务全覆盖，使老区人民有更高质量的民生保障；三是把政策、资源和力量向老区倾斜。继续加大财政支持力度，鼓励引导社会资金投向老区建设，形成支持老区发展的强大合力，再创发展新优势。

一、经济建设

中华人民共和国成立后，中共顺德县委、县人民政府就大力领导与扶持老区人民发展经济。1951年1月20日至5月3日，顺德以西海、桃村等6条村为土改试点，依靠贫农、雇农，团结中农，有步骤地消灭封建剥削制度，实行农民土地所有制。千百年来广大农民“耕者有其田”的梦想成为现实，每人分得土地2亩，并允许农民开荒增加土地，生产积极性空前高涨。土地改革后，西海、桃村农业连年丰收，稻谷、甘蔗、塘鱼产量分别达到300公斤、3 500公斤、100多公斤。农民生活得到初步改善，超过当地解放前的水平，有200多户村民建起新房，农户普遍购买农艇、水车和耕牛。

但是1958年10月“人民公社化”以后，由于政治运动不断，推行高度统一的经济体制，突出“以粮为纲”。特别是“文化大革命”期间，西海、桃村一些老革命人员以至革命烈士及其家属被打击、诬陷，老区人民政治上受到压抑，严重挫伤老区农民生产积极性，农业生产连年徘徊。至1978年，西海、桃村、大洲村、大南村、大东村、乌洲村共有村民小组79个、3 924户、17 962人，耕地21 040亩；稻谷亩产410公斤，甘蔗亩产4 750公斤，塘鱼158公斤；人均收入167元至189元。

中共十一届三中全会后，全国进入改革开放的新时期。根据中共中央“要重视革命老根据地工作”的指示，中共顺德县委、县人民政府重新加强对老区工作的领导，在经济建设实行“因地制宜，分类指导”方针，扩大老区村、队生产自主权，增加农业生产资料供应指标。在推行家庭联产责任制的基础上，各老区充分发挥当地资源优势，减少水稻面积，增加甘蔗、塘鱼生产面积，取得较高经济效益。西海、桃村农民还利用房前屋后空地，种植茉莉花，年获利达30多万元；三洲四个村全年饲养鸭16万只、鸡10万只、鹅1.5万只。至1986年，西海、桃村、三洲水稻亩产量达900公斤、甘蔗7.5吨、塘鱼375公斤，人均集体分配收入达850元。与1978年相比，稻谷、甘蔗、塘鱼产量翻了一番，人均集体分配收入增4.5倍。

1987年，顺德县革命老区再次大规模调整农业产业布局。投入40万元（其中广东省老建办生产贷款1万元，其他由伦教、北滘区自筹），帮助西海、大东、大南等村改造低产田为鱼塘，总面积1 000亩，其中北滘区公所投入28万元，将西海老区偏远的“大沙尾”“龙象围”共740亩低产田开发成鱼塘，使每亩产值由450元提升至1 000元，经济效益提高55%。同年，北滘区公所投入3万元，整治西海沿顺德水道河岸200亩低产田，恢复种植“河滘竹笋”，每亩产值达1 200元。同年冬，将30亩禾田开发为集体鳗鱼养殖场。至1988年，顺德县老区（西海、桃村、大东、大南、大洲、乌洲），共有79个村民小组，3 924户，17 962人，其中劳动力8 923人；有耕地30 040亩，其中水稻10 281亩、甘蔗7 046亩、鱼塘3 713亩、山地6 000亩、滩涂3 000亩（未开发），农业总产值2 632万元；老区年人均收入1 030元，口粮600斤。

1991年，顺德县老区共投入70多万元，改造传统农业，大力发展优质鱼和畜牧业，新开发优质鱼和四大家鱼纯养面积超过300亩，水稻、鱼塘亩产650公斤，老区村民年集体分配收入达1 400元。

1994年1月，桂洲镇容里管理区、容奇镇东风社区和杏坛镇东村管理区被评划为解放战争游击根据地后，被纳入顺德老区工作的范围。当年，顺德市和相关镇、区对老区采取“五帮一促”（帮资金、帮技术、帮人才、帮项目、帮销售、促发展提高）的机制，帮助老区发展“三高”（优质、高产、高效）农业，推进农业专业化、区域化发展。如西海管理区耕地面积7 961亩，其中养殖鳗鱼、水鱼等高产优质鱼类面积达57.5%，全年鱼塘亩均产值达8 000多元。

从1996年开始，采取财政资金支持措施，顺德各地开展高标准连片整治池塘。东村、西海、桃村、三洲老区村被纳入重点帮扶对象。至2008年，区地方财政拨款补贴基塘整治1 010万元。帮助东村完成2 350亩基塘整治，成为顺德饲养加州鲈、生鱼的重要生产基地。三洲发挥交通便利优势，主要发展淡水养殖、桔花种养，建成一个面积1 500亩朱沙桔种植基地，其产品销至全国各地。

至2018年，顺德老区各村农业土地面积1 096.9公顷，其中种植业面积479.1公顷、鱼塘面积493.8公顷。经过改造的农田基本达到“田成方、林成网、渠相连、路相通、旱能灌、涝能排、清能降”的标准；主要以种养蔬菜、花卉和优质水产品为主。农业生产向着产业化、现代化发展，形成适应珠江三角洲自然条件特点，适应人民生活和市场需求，有较好经济效益、比较优化的农业生产结构，当年农业产值达5.3亿元。

在发展种养业的基础上，各级人民政府积极扶持老区，兴办工业企业，通过“三来一补”（即来料加工、来件装配、来样订货、补偿贸易）的形式，引入生产项目。1985年后，顺德县乡镇工业管理局为西海引入沙发、有机玻璃和装饰玻璃、塑料、电子零件等项目。1987年底，顺德老区7个村办起企业55间，产值

1 846.68万元，占工农业总产值的42.96%。1992年后，随着产权制度改革的开展，当地出台各项优惠措施，为各老区村民营企业发展创造有利条件，引进一批先进企业，支持他们做大做强。2000年后，各村把握工业区连片开发的契机，重点发展工业区经济。2008年，东村建成工业区面积达1 047亩，年工业产值达15亿元；三洲注重社区总体规划和资源合理运用，工业总产值达14亿元；容里、东风随着容桂城乡一体化建设，形成以工商业为主体的经济，2008年容里工业区有企业385家，总产值达19亿元。

2012年，中共十八大召开后，老区人民充分发挥自身有利条件和优势，吸引社会资金参与开发，充分调动广大干部群众的积极性，树立全面致富加快发展的坚定信心，发扬自力更生、艰苦奋斗精神，坚持苦干实干，工业经济迈上新的台阶。杏坛东村引进和培育农业龙头企业，引导企业与高校科研院研究所产学研合作，开发高质量、高附加值、高市场占有率的产品，推动传统产业的转型升级；2018年，与广东省微生物研究所产学研基地联合开办东村鱼苗场，成为第4个为杏坛渔业产业创新研发提供技术支撑的基地。

2018年，6个老区村工业企业2 100多家，工业区面积686公顷，工业产值196.5亿元。东村形成以农产品深加工为主的食品行业，销售超亿元企业7家；广东省高新技术企业2家，其中有甘竹罐头、东方管业、东方树脂、东方面粉等知名企业；有广东省著名商标3个、广东省名牌产品5个。西海形成以五金、家电、塑料为主体的工业经济，年产值1 000万元以上厂企有41家。桃村工业以金属、家具、配件、机械、制造纸箱产品为主，年产值1 000万元厂企有12家。三洲成为顺德机械制造重要基地之一，有工业企业215家，其中年产值2 000万元以上工业企业有11家。容里、东风已成为现代化城镇中心，是容桂街道重要商业文化区。近年容里社区建起天富来国际工业城，进驻企业1 000多家，产业以通讯、机械、电子商务为主，年产值超60亿元；另外，其他以生产加工五金、电子、电器、印刷为主企业有600多家，年产值共5.6亿元。

二、发展教育、文化事业

顺德解放后，县委、县人民政府就把老区教育业的发展摆上重要位置，采取“公办民助”“民办公助”的办法，发动和依靠农民办学。改革开放后，进一步加大投入，对老区学校进行全面整合，升级改造。

顺德解放前，西海、桃村老区仅有一间学堂，校舍位于当时的“北约”“南约”“滀约”（乡民议事场所），总建筑面积1 500平方米，有学生200多人；1953年，由人民政府接收。1978年，当地投入21万元，钢材24吨，木材35吨，水泥345吨，易地重建西海小学。西海小学占地面积15 500平方米，建筑面积6 945平方米，设24个教学班，有学生1 300多人，教职工54人。1980年8月，旅港乡亲黎剑铭捐资73万元，建成桃村小学，占地面积6 407.7平方米，建筑面积2 411.2平方米，设9个教学班，有学生300多人，教职工15人。1985年10月，当地动工兴建桃西中学，校舍总投资169万元，其中旅港乡亲黎剑铭捐赠105万元，占地面积17 160平方米，建筑面积5 199平方米，办有9个教学班，学生453人，教职工24人。进入21世纪，顺德进行了一系列整合教育资源的举措。2003年9月，桃西中学并入碧江中学。2004年，桃村小学、西海小学合并，并投入2 000多万元，建成新西海小学，校舍占地面积26 512平方米，建筑面积14 508平方米。2016年，北滘镇再投入1 000万元，扩建综合教学楼，基本满足西海、桃村老区儿童就学需求。2018年，该校有教学班27个，教职员工70

人，学生1 203人。

顺德解放初期，三洲老区仅有3间小学，其中2间学校仅开设一至三年级，就读学生为五六百人。1957年，县、乡人民政府联合投资，按照县一中建筑风格，建起大洲小学；该小学开设12个班，入读学生多至上千人。1980年，广东省教育厅联合各村，投入50万元，兴办三洲中学；该校建有教学大楼和学生宿舍，各级开设4个班，入读学生达600人。1994年至1998年，当地累计投资850万元，将大洲小学、大东小学、大南小学及乌洲小学合并为三洲学校，占地面积29 000平方米，建筑面积8 000平方米。2008年，三洲自筹资金1.3亿元，其中旅港乡亲捐助3 000万元（人民币），兴建翁祐中学，2010年建成开学。该校占地面积12万平方米，建筑面积43 680平方米，配置有1座教学楼、3座学生宿舍、1座学生饭堂和地下停车库。2015年，翁祐中学有3个年级，38个班，在校学生1 666人，教职工132人。三洲学校经过多次升级改造，至2016年初，设有6个年级，26个班，在校学生1200人，教职工58人，是省一级学校。

东风社区地处城镇中心，学龄儿童在区、镇学校就读。容里社区早在20世纪60年代办起小学。1996年，当地投资3 800万元易地重建容里小学，占地面积66 000多平方米，建筑面积16 900多平方米；2015年，设35个班，在校学生1 600多人，教职工100人。

东村小学又称“东村树人小学”，前身是“滩南乡第二中心小学”，创办于1948年春，原校址在东村玉合坊（又名“三合坊”）。1987年，旅港乡亲梁志鹏捐资76万港元，其他旅港乡亲和东村村民也积极捐款，合共筹资100万元（人民币），在南林坊与源泽村交界处重建新校，1988年底竣工，1989年初落成启用，占地7 382平方米。2017年，该校有班级11个，在校学生495人，教职工23人。

改革开放后，各革命老区幼儿教育也得到蓬勃发展。2017年，较为大型的幼儿园共5所，分别是：三洲幼儿园，入学幼儿450人，教职工61人，是广东省一级幼儿园；西海中心幼儿园，入学幼儿448人，教职工42人；东村幼儿园，入学幼儿392人，教职工37人；桃村幼儿园，入学幼儿311人，教职工37人；容里幼儿园，入学幼儿120人，教职工25人。

与此同时，各老区十分注重文化建设，满足人民群众不断增长的精神文化需求。从20世纪90年代后期开始，村村建起公园、文化广场、露天舞台、星光老人活动之家、篮球场，设有乒乓球台、羽毛球场、仰卧起坐器、腹肌板、转腰器等健身器材。三洲、西海、容里开办图书室，藏书共5 600册。容里社区还成立曲艺社。

伦教街道以生态美丽乡村为目标，全面改造提升三洲文明西街，全面改造修缮该路民房，修补周围的五边地、烂地，建起公园和篮球场。迄今，该路一河两岸，河水清澈，岸上绿树成荫，两岸房屋成为商铺，经营香云纱、伦教糕、奇石、陶艺、字画等产品，与附近的钟山书院、畅和书院浑然一体，成为以文化、休闲业为主的商业街，带动三洲经济的发动。

顺德老区不仅拥有辉煌的革命历史，而且历史人文景观与绮丽的自然风光浑然一体，蕴藏浓郁地方特色的岭南文化。在文化建设中，各老区村对现存祠堂、庙宇等名胜古迹进行全面抢救与保护，计有祠堂27座，广府民居156间，古桥1座，碉楼2座，庙宇19座，为保护自然村落历史文化资源，在社会主义新农村建设中留住村貌、记住乡愁、延续历史文脉提供依据。

三、基础设施建设

20世纪50年代，在各级人民政府和各有关部门的支持下，各村普遍建立起卫生医疗站，一些严重影响人民健康的疾病，如天花病、鼠疫病、血吸虫病等基本消灭。60年代前期，顺德开展农业水利建设，西海、桃村、三洲、东村、容里建起电力排灌站，各老区村实现通电，家家户户用上电灯。

改革开放后，进一步加强老区基础设施建设，1980年至1987年，当地投入124.2万元，修建沥青路、水泥路23公里；投入38.3万元，修建桥梁23座；投资15.5万元，新建西海农贸市场。县主干道全部与老区村连接。80年代后期，通过各级统筹，三洲、西海、东村、容里分别建成自来水厂。

90年代中后期，老区基础设施建设再掀热潮。容里先后投资9 000万元，铺设6～60米宽的道路39公里，并安装路灯，投资200多万元，绿化村容，在村区种植树木700多株，花草15 000棵，绿化面积19万平方米。西海、桃村兴建群力路，长4.28公里，总投资5 000万元，将这个老区村连接起来。三洲按照一河两岸格局，改造美化两岸民居，修建贯通全村的三洲大道、德政路；1994年投入181万元，建成占地5 000平方米的农贸市场。东村建起长500米入村大道。各村小道基本改建水泥路，实现村道硬底化。与此同时，各村进行“公厕革命”，逐渐将鱼塘吊楼厕所改造为卫生整洁的公厕。2006年7月，东村被评为广东省卫生村。

2018年，中共北滘镇委、镇人民政府以传统红色基因，引领乡村振兴。当地从财政资金中划拨1亿多元，以产业兴旺为重点，提升农业发展质量，繁荣兴盛农村文化。西海先后建成农业示范区道路、鸭粉北路至三八米路、烈士中路下水道等基础设施工程，建起西海大礼堂，重建陈列馆；西海为打造党建、村史、红色文化宣传阵地，总投资达1 427.27万元。桃村以“桃源故里”为目标，推进29个改造项目，全面整修村内祠堂庙宇，对“桃源大道—楼巷—冬宫大街—兰石大街”环村道路改造提升，推进桃村岗公园、游客服务中心、驿站等工程的建设，并改善了老区水环境。2018年11月28日，镇政府还投资约1.068亿元，动工兴建群力围污水处理厂一期工程，建成后，每月污水处理能力达3万吨。

杏坛东村村委会还通过多方筹资，建立一条长300米、宽5米的西成路，为塘鱼运输销售，创造有利条件。村委会还筹集2 000万元基层基金，逐步解决各社区桥梁道路的建设。随着基础设施的改善，联丰农场、丰润养殖场、东村鱼苗厂等多家龙头企业，陆续进驻东村工业园。

随着经济的发展，老区人民生活不断改善。20世纪80年代，容里、东风300多个茅寮户住上新房，全县6个老区村民实现住房砖屋化。1978年，老区人均收入为167～189元。1987年，人均收入增至850元。2005年顺德区农民人均纯收入为9 180元，老区农民人均纯收入为9 794元，高于全区农民人均收入水平。2008年，老区农民人均分红为1 114元，有分红的老区（容里、东风因全征地，没有分红），人均分红为1 200元以上，其中桃村达3 100元。2018年老区村民收入形式多样化，主要来源工资性收入、村集体经济分红、房屋出租等，集体分红人均2 700～6 500元，人均年收入20 000～40 000元。从20世纪90年代起，电视、电冰箱、洗衣机、电话等现代化生活设施进入老区农民家庭。覆盖全村（社区）的社会保障体系基本建立，全体村民拥有自己产权的房屋，实现“病有所治，老有所养，居者有其屋”，老区人民过上丰衣足食生活，步入小康社会。

第二节 全县（市、区）建设发展

一、恢复国民经济

1949年10月顺德解放后，中共顺德县委、县政府不忘初心，以永不懈怠的精神状态和一往无前的战斗姿态，领导全县人民建设幸福美好的社会。1950年至1952年，顺德在建立和稳定新政权的同时，展开了农村土地改革和城市民主改革，铲除封建剥削制度赖以生存的社会基础，恢复国民经济。顺德在极其困难的社会经济状况下，整顿金融市场，稳定物价，建立国营合作的商贸体系，先后组建县的国营粮食公司、贸易公司、百货公司，在农村普遍成立起供销合作社，在容奇组建起出口代办处，恢复对港澳的业务；扶助私营商业的恢复，通过货款、预购、加工、收购等方式，促使私营商业逐步纳入国家计划的轨道；恢复蚕丝、蔗粮等工业生产，统一调配全县的蚕桑、甘蔗种植用地，肥料供应，资金投入，制订统一的收购价格奖售政策，调动农民种桑、养蚕和种蔗的积极性，保证工厂生产材料的来源，加大贷款，帮助丝茧、糖厂修复厂房，购置设备，组建起水藤、龙江、容里、健德等一批国营缫丝厂，接管大部分糖厂。1952年，茧丝产量为503吨、糖产量54 819吨，分别是1949年的1.81倍和2.02倍，全县工业总产值为1.08亿元，较1949年增长68.14%。经过土地改革，顺德实现了“耕者有其田”，农民生产积极性高涨。这期间，全县大规模开展水利建设，堵口复堤，兴建水闸，提高抵御洪涝灾害能力。政府颁布“合理负担”的税收政策，奖励生产，从资金方面支持农民复产，共发放农业信贷175亿元（旧人民币）。至1952年，全县农业生产得到全面恢复和初步发展，比1949年有大幅度提高，稻谷增产31.36%，达28 274吨；蚕茧增产37.1%，达5 203吨；糖蔗增产97.36%，达671 103吨；塘鱼增产21.78%，达28 620吨，香蕉增产169.44%，达7 038吨；生猪增产104.6%，达96 182头。

二、开始社会主义经济建设

1953年起，顺德按照中共中央关于过渡时期的总路线和总任务，开始有计划地进行经济建设，对农业、手工业、资本主义工商业进行社会主义改造，逐渐把农业、手工业、资本主义工商业纳入社会主义轨道，顺利推进第一个五年计划的实施。

农业方面，以提高单产，增加粮食生产为主；同时发展蚕桑、甘蔗、塘鱼和生猪、三鸟（鸡、鸭、鹅）养殖业。工业建设方面，以缫丝、制糖业为重点，同时发展农业机械、纺织、印刷、电力等行业；大力发展国营企业，新建顺德丝厂、龙江丝厂、乐从糖厂、顺德酒厂、伦教电厂、华侨玻璃厂等国营厂企。一大批私营企业转制为公私合营，全县国营企业增到36家，产值占全县总产值的56.9%。交通方面，以恢复水上货运为主，开办水上客运和公路汽车客运经营。文化教育事业方面，调整合并小学、中学，至1956年，全县小学发展至169所、1 174班，学生51 005人，教师1 485人；将原来5所中学合并为3所，沙滘、勒流、均安开设初级中学各1所；办起农民业余小学539所、中学128所，学员38 000多人；工人夜校28所，学员6 000多人。这期间，顺德建起县文化馆，第一工人文化宫、第二工人文化馆、人民戏院。人民戏院是珠三角县城较大的戏院。此外，顺德还组建县文工团、粤剧团、乡村电影队。卫生事业方面，顺德相继建起一批防疫站、卫生所、卫生室，医疗人员从1950年的732人增加到1 151人，初步形成县、区、村三级医疗卫生网络。至1957年，全县工农业总产值6.35亿元，比1949年增长76.3%，其中工业产值为1.64亿元，增长1.56倍，农业产值为4.71亿元，增长59.1%。地方财政收入3 631万元，人民安居乐业。

1958年至1965年，尽管政治运动不断，在相当一个时期，经济遭受严重挫伤，但是，从1961年起，顺德坚决贯彻中共中央对国民经济“调整、巩固、充实、提高”的方针。农业方面，顺德恢复发展经济作物的生产及生产责任制的探索，充分发挥地域优势，调整茧、甘蔗、塘鱼收购价格，推行超产、挂钩的奖励政策，允许任务外产品到农贸市场出售，全县建起一批经济作物生产基地。至1965年，当地蚕茧总产量达到5 167.85吨、糖蔗855 710吨、塘鱼35 298吨、生猪出栏135 021头、收购家禽42.57万只，都超过1957年的水平。这期间，全县再掀农业水利建设高潮，积极发展电动排灌。至1962年，农村基本实现供电，家家户户用上电灯。至1965年，全县建成大、中型水利工程720宗，电动排灌站82座，总装机容电量达10 300千瓦，受益农田43万亩，为日后农业生产发展奠定良好基础。同时，农业科学技术有较大发展，县、公社、生产大队都建立农科所，各级领导带头种试验田，推广电动喷雨机，尼龙育蚕和育秧种植紫云英等新技术，培育出“南特选”“珍珠矮选”“广场矮选”等水稻新品种，糖蔗亩产突破万斤以上。顺德进一步调整工业经济，加强和提升缫丝、蔗糖、纺织重点产业，大力发展化工塑料、轻型机器、日用轻工业等新兴产业，恢复发展刺绣、金属工艺品、梳篦、食品等传统产品，部分产品出口东南亚，全县轻工业生产从1963年开始回升，比1957年增长25.36%。商业流通形成多层次、多形式、多渠道的经营方式，农贸市场成交活跃，全县合作商店增加到1 860个，有职工4 730人，市场商品供求关系平衡。1965年，全县工农业总产值8.09亿元，其中农业总产值5.93亿元、工业总产值2.16亿元；同1957年相比，分别增长27.4%、25.9%和31.7%。

1965年5月至1976年10月，顺德与全国一样，经济建设遭受到“文化大革命”冲击，但是，由于广大工人、农民、知识分子坚守在生产第一线，排除各种干扰，使全县经济在曲折中稳定发展。这期间，顺德经济以农业为重点，实行以粮为纲，大规模发展农田基本建设，兴修水利。1973年至1975年，顺德完成工程土方5 268万平方米，改造农田约20万亩；建成电力排灌站42座，安装机组124台，容量3 166千瓦（部分工程延至1987年竣工），对农业生产发挥着较好效益。同时，工业生产转移到以支持农业的轨道上，化肥、农药、水泥、水泵、人工降雨机和各类中小农具生产，均有大幅度增长，糖、蚕丝、丝织品等传统产品有进一步发展。重点工程建设方面，1973年，顺德县珠海围垦工程指挥部完成珠海横琴岛中心沟围垦工程；甘竹滩发电站竣工，1974年5月1日正式发电，年均发电量1 107万度。1975年起，社队工业有所发展，交通状况也有所改善，各主要公路铺上沥青，实现县城至公社和生产大队的通车。1976年，工农业总产值达13.54亿元，比1965年增长67.4%。其中工业产值6.15亿元，增长1.85倍；农业产值7.39亿元，增长24.6%。

1976年10月，粉碎“四人帮”后，顺德人民解放思想，拨乱反正，推动经济建设和社会建设各项事业逐步走上正轨，通过整顿工业交通企业，恢复和建立各项规章制度，落实按劳分配制度，实行产品质量、超产、利润、节约、安全等与奖金挂钩，这期间，产品质量有很大提升，技术革新深入开展。1978年，全县实现革新项目392项，其中重大项目54项。社队企业进一步发展，许多公社办起一批骨干企业，全县10个公社均实现产值超1 000万元，其中陈村、桂洲超3 000万元。1977年，工业总产值比上年增长12.6%，1978年较1977年增长16.88%，外贸出口达5 291万美元，比1969年增长3.5倍。教育工作重新走上正轨，小学入学率达99%，初中入学率达96.6%。顺德调整农业生产的政策，减轻社队和社员负担；调整生产布局，允许社队在完成国家生产任务的前提下，因地制宜制订生产计划；超产的农副产品，可以在农贸市场出售，也可以由国营商业部门议价收购，增加市场调节比重。1978年，虽然自然灾害频繁，但全县农业总产值达8.16亿元，比上年增长7.83%，尤其是蚕茧总产11 826吨，比上年增长13.5%，为中华人民共和国成立后最高产量年。

三、全面推进社会主义现代化建设

中共十一届三中全会胜利召开后，顺德把工作重点转移到社会主义现代化建设上来。1980年，中共顺德县第四次代表大会明确提出，要把顺德建设成为“农林牧副渔五业兴旺、农工商综合发展、文化科学水平提高、人民生活改善、繁荣富裕的社会主义城乡”。各级党组织、人民政府充分利用中共中央、广东省委赋予的特殊政策、灵活措施，发挥毗邻港澳、华侨众多、商品经济比较发达等独特优势，在农村推行联产承包责任制，在城镇扩大企业经营自主权，特别是率先开办“三来一补”企业，引进外资和先进设备，放开农产品市场和价格，开放流通领域，鼓励兴办集体和个体企业，使农民可以按照市场需求和价值规律发展生产，极大地释放农民生产的主动性、积极性，发展农村生产力。顺德工农业总产值实现快速增长，城乡居民收入同步增长、生活增长，初步显示改革开放的成就。

1984年，顺德确立“工业立县”的战略方针，以发展商品生产为重点，物质文明和精神文明建设一起抓，实现“农工商一齐上，国营、集体、个人一齐上”，全面展开经济体制改革，进一步扩大对外开放。顺德采取以“集体经济为主、以工业为主、以骨干企业为主”的发展模式，从以农为主转变为以工为主，走“贸工农”共同发展道路，从单一经济成分变为国营、集体、中外合资、个体、联合体并存的多元经济，从以缫丝、制糖、农机、农副产品加工为主转变成以“三电一气一机”（家用电器、电子、电风器材、燃气用具、机械产品）生产为主；之后，又发展空调器、精密注塑机、数控机床等高科技产品，建立起设备、技术比较先进、门类较为齐全的工业体系。1984年至1991年，全县共投入3亿美元，引进国外设备30 000台（套），主要骨干企业设备达到20世纪80年代国际初中级水平，成功开放并批量生产的新产品189项，科技进步对经济增长的贡献率达51.5%，超过全国和广东省的平均水平，顺德成为全国最大的家电生产基地。蚬华、裕华、美的、华英四家风扇厂和广东电饭煲、珠江冰箱厂成为全国十大乡镇企业。1991年，全县工业企业有6 187家，其中大中型企业86个，占工业总产值的55.8%，出口产品产值28.92亿元（1990年不变价），占工业总产值的27.13%；全县亿元以上产值（当年价）企业25家，销售值超千万元的有262家，税利超100万元的有115家，创汇超100万元的有84家，国家一级企业1家，国家二级企业21家，省级和部级先进企业有117家，达到国家等级产量标准的企业有170多家。1992年底，顺德乡镇企业发展到3 641家，比1978年257家增加了3 384家，年产值99.8亿元，占全市工农产总产值的55%，顺德经济这种发展模式，被誉为“顺德模式”。

与此同时，顺德大力推进基础设施建设，先后建成龙江、三洪奇、容奇、细滘、新滘口、新林头、碧江、新涌、西安亭等大桥；10年间，建起桥梁310座，总长12 800米，公路56条，总长510公里，形成桥通、路畅、四通八达的公路网。1985年起，顺德投资上亿元，建成容奇港口，直通香港；投资6亿元，建起装机容量共180 000千瓦3家发电厂和输变电网；1991年，建成装机容量7.6万门的程控电话，平均13人就有1部电话。传统农业生产向外向型发展，发挥顺德经济作物传统优势，大力推广花卉、鳗、桂花鲈、加州鲈等高值优质产品的生产，积极发展农副产品加工业，其中建成鱼类加工厂企业18家，冷藏能力达59 000吨，形成生产、储藏、加工、销售一体化经营格局。从1978年到1991年，顺德县生产总值（1991年不变价）由10.53亿元增加到43.46亿元，年均递增11.5%；1992年顺德在全国税收收入超亿元的县市中名列第一。

1992年起，顺德作为广东省“综合改革试验县”，在全国率先开展企业产权制度改革，在农村进一步稳定完善家庭联产承包为主的责任制。1999年后，根据中共广东省委、省人民政府的部署，开展率先基本实现现代化的试点。2004年，顺德在地区生产总值突破600亿元之后，中共顺德区委、区政府又及时提出，用3至5年时间，“再造一个经济顺德”，相继推出“三三三”产业发展战略、名牌战略、标准化战略，推进企业上市，打造联合国采购基地等发展举措。2011年，顺德确立“城市升级引领转型发展，共建共享幸福顺德”的目标，坚持开放引领、创新驱动，全力推动产业转型，创新能力日益增强，制造业智能化、服务业高端化、农业现代化发展趋势逐步确立。1997年至2006年，顺德地区生产总值年均增幅17.1%，2000年至2002年的生产总值在中国百强县排名中位居首列。2006年顺德地区生产总值为1 058亿元，成为全国地区生产总值率先突破千亿元的县区。

四、全面推进小康社会建设

中共十八大召开后，顺德实施“城市升级引领转型发展，共建共享幸福顺德”战略，取得了改革开放和社会主义现代化建设的历史性成就，“十二五”规划胜利完成，“十三五”规划顺利实施。顺德连续4年位居全国市辖区百强首位，获评“中国全面小康十大示范县市”“中国家电之都”“国家级现代农业示范区”。

中央十九大召开后，顺德根据十九大确定全面建设小康社会战略目标，全力推进“两造三化五个顺德”①的建设，推动传统产业加快向智能化方向发展，加快城市现代化步伐，全面振兴乡村经济社会，稳步推进和谐社会建设。2018年，顺德连续7年位居全国综合实力百强区榜首，第10次成为“中国全面小康10大示范县市”，评为全国绿色发展百强区第1名。

经济实力不断增强。顺德生产总值年均增长9.4%，至2018年，全区生产总值达3 163.93亿元，三大产业结构为1.4：56.1：42.5，地方公共财政预算收入年均增长11.9%，2018年达235.78亿元，产业结构更加优化，制造业智能化、服务业高端化、农业专业化发展趋势逐步建立；通过构建全产业链、全创新链、全人才链、全金融链，打造创新生态圈，顺德研发投入占GDP比重达3%，专利申请量和授权量连续19年位居全国县城前列，自主创新驱动转型发展的动力更持久，更充沛。环保科技产业园启动建设，保发珠宝产业中心初步建成，博智林机器人谷、省智能制造创新示范园正式启动，全区集聚设计企业330家，高

① “两造三化五个顺德”，即“造环境、造空间”，“智能制造化、创新全球化、发展绿色化”，建设“科技顺德、文明顺德、美丽顺德、和谐顺德、富裕顺德”。

新技术企业增至1 471家，专利授权量达2.39万件。潭洲国际会展中心成功举办展会活动41场，亚洲国际家具材料交易中心成为国家市场采购贸易方式试点。

城市更富魅力。大规模实施路网、水网、绿网、电网等基础设施建设，大步迈进高速公路、城市轨道、地铁交通新时代，建成“佛山新城”“顺德新城”、新城区，各镇街通过“三旧”改造，传承历史文脉，城市品质、品味、品格同步提升，凸现“魅力小城”“串珠成链”、总体发展的格局。顺德加速推进中心城区一体化，德胜河北岸形成滨河景观，城区和镇街主要道路景观——从建筑立面、路面及标志、道路绿化、路灯等设施全面提升，晚上形成璀璨的夜景；顺利推进40项重点路网建设，积极参与广（州）佛（山）城市轨道交通联网建设，加快推进广州地铁7号线西延、佛山地铁2号线、3号线、广佛环城顺德段等项目建设，顺德进入交通快速时代。顺德作为一座富有岭南水乡特色和独特人文风情的现代化城市正在崛起。

全面振兴农村社会经济。顺德坚持农业农村优秀发展方针，进一步深化农村体制改革，全面完成农村土地承包经营权确权登记，并通过全国农村集体产权改革试点验收；广泛开展生态宜居美丽乡村建设，启动12个乡村示范片建设，31个村（社区）通过“绿色村庄”创建验收；全面提升现代农业产业园，启动4个美丽田园示范区、2个示范点建设；推动村级工业园升级改造，2018年区级财政投入22.9亿元，撬动社会资金55.6亿元，启动78个园区改造、36个园区拆迁，累计整理土地4 511亩，新建厂房137万平方米，关停淘汰各种隐患和落后企业1 362家。顺德的农村经济呈现出欣欣向荣的景象。

公共事业协调发展。顺德全面启动教育综合改革，成为教育部在广东唯一的教育管办评分离改革试点单位，成功创办中德工业学院。2018年，全区适龄幼儿入园率达100%、97 503人；学龄儿童入学100%；小学毕业升学率100%；初中毕业升学率99.73%；高中毕业升学率99.36%；在校中小学生330 809人。普通高等学校1所，在校学生14 793人；职业中学13所，在校学生23 927人。全区共有各类卫生机构668个，其中各类医院40个，基层医疗卫生机构618个［包括社区卫生服务中心（站）100个，门诊部106个，诊所、卫生所、医务室412个］，专业公共卫生机构6个；医院、卫生院共有床位11 247张；各类卫生技术人员16 423人，其中执业医师和执业助理医师6 008人，注册护士7 605人，全年财政医疗卫生支出25.79亿元，实现区域和服务人口全覆盖。全区共有体育场馆5个，电影放映单位45个，博物馆3个，公共图书馆11间，总藏书量2 894 000册。全区共举办大型体育活动330场次，155万人参加，全区运动员参加各类体育竞赛获省级季军以上奖项58项，其中获世界级冠军4项、国家级冠军9项、省级冠军4项。

基础保障日益完善。2018年，职工医保平均报销比例超过70%，建立完全被征地农民老年生活津贴动态调整机制，充分就业社区建成率达100%，登记失业率2.46%，全年新增就业2.1万人。居民人均可支配收入54 038元，扣除价格因素，比上年实际增长8.3%。参加基本养老保险的职工有94.25万人，同比增长8.7%，参加基本医疗保险的职工有95.29万人，同比增长9.3%。参加城乡合作医疗72.01万人，同比增长9.3%。顺德共有敬老院14间，入住2 246人；城镇和农村居民月最低生活保障线980元，全年发放救济款39 357.46万元。年末全区金融机构本外币各项存款5 016.08亿元，同比增长11.1%；每百户城镇居民家庭拥有：摩托车，82辆、家用汽车84辆、电冰箱106台、计算机116台、移动电话300部。

顺德正向富裕和谐的现代化城市迈进。

附　录

附录一 历史文献[①]

珠江三角洲人民子弟兵的抗战史[②]

保卫大良之战 民国二十八年（1939年）冬，敌人第二次退出大良。广游二支队得讯后，首先开入维持秩序。跟着进入的还有林小亚、潘幼龄、韩锡忠、廖猔、曾非、陈伟文等部。那时大良街头，恰似粤剧《六国大封相》的场面，插满五光十色的旗帜，有红色的、有黑色的，有丈把长的，三角形的、方形的……中间一个“韩”字或“廖”字。街上贴满了各色各样的标语和布告，大都是在各自说明收复大良的是他自己。

如果（说）别的地方的人民，到敌人投降后才尝到“胜利”的滋味，那么大良的人早在那时尝得够了。大良城的铺户和住

① 历史文献为原文照录，存在部分文字缺失或错漏、某些表达不符合现代汉语规范的情况，请读者谅解。

② 节选自1946年香港《正报》。作者署名公曼，即严尚民，时任广东人民抗日解放军政治部组织科长。抗日战争胜利后，在国共举行谈判期间，国民党广东当局不承认广东省中共抗日武装，企图加以消灭。根据中共广东区党委的指示，严尚民以“公曼”笔名在香港《正报》连续刊登该文章，向国内外宣传中共人民武装坚持抗战的历史。文章发表后，在国内外产生巨大影响，戳穿国民党当局的阴谋。中华人民共和国成立后，严尚民历任珠江专署专员，广东省工业厅厅长，省交通厅厅长、党组书记，广东省航运厅厅长、党组书记，粤海公司董事长。据考证，文中有些时间采用农历。

宅，大半标贴着（或用粉笔写着）“本户已清洁数次”“本铺已检查数次”，或“已被抢劫一空”等条子。贴上这些条子的铺户和住宅，都确已“空空如也”，里面的人苦着脸。当时只余一片干净土就是镇海路，顿时成为全城最繁盛的区域，连小贩们也集中到那里去，挤得水泄不通。那里就是广游二支队的防区。

晚上，是抢劫的世界。两挺机关枪把守大街的两头，这条街就被“清洁”了。这些抢匪就是自命“收复大良”的部队。他们起初各自在自己防区“清洁”，后来发生了“越界”行动。因此往往发生纠纷。广游二支队当时是坚决维持治安，保护防区内的人民财产，严厉约束部属，抓到外来的抢匪，便不客气的枪毙掉。另一方面是严厉肃清汉奸，最为民众所痛恨的敌人密侦被逮捕了10余名，予以枪毙，替大良人民泄了一肚子怒气。

当时驻在大良的部队很复杂，便曾成立了一个指挥部，由潘幼龄任指挥官，并统一筹措给养。可是当时队伍虽然不少，但他们只知抢掠民众，趁机发财，一到敌人进攻的时候，连看也不看，便席卷而逃，只剩下广游二支队在那里抵抗。

敌人连续向金橘咀、旧寨进行了两次攻击。当时守卫那里的广游二支队，由吴勤亲自指挥作战，打得出色勇敢，敌人屡用迫击炮掩护，不断猛攻，都被打了回去！他们胜利地保卫了大良。

两次作战中，广游二支队牺牲的一个战士陈德胜，他是大良打石工人，是广游二支队中第一个牺牲的共产党员。他出殡的时候，全大良的武装部队、县政府和各界代表约700人参加，举行盛大的祭礼。

广游二支队以优良的纪律和英勇的战斗，声威震动整个南、番、中、顺。在禺南鱼窝头活动的一队散兵和“捞家”混合武装，在车贯英率领下到大良参加广游二支队，编为第二大队。同时，一个曾经跟敌人来进攻大良的伪靖国军大队，在黄荣甫率领下，离开了中山小黄圃防地，投诚到广游二支队来。这次伪军大队的投诚，是广东抗战史上的第一次。因此不仅使广游二支队的威信大大提高，也使得敌伪大为恐慌，便立即向大良发动第3次进攻。

两次保卫战后，指挥部决定采取轮流警诫制度。敌人于民国二十九年（1940年）3月1日大举进攻时，负责警戒金橘咀的为韩锡忠部，警戒东门飞鹅岭的为陈伟文部，敌人于半夜时分占领飞鹅岭，发动正面对金橘咀的进攻。不到5分钟，韩锡忠部即告溃退。广游二支队以车贯英部赶援金橘咀，刘登部赶援飞鹅岭，但守军退得太快，增援军队无法赶得及了。大良门户险要之地已为敌人所占，而县政府的国民兵团一部在内叛变，四处放起火来，和敌人里应外合。广游二支队见大势已去，不得不忍痛退出。而当时广游二支队在大良的奋战和保卫人民的工作，至今尤为大良民众所记忆不忘。

西海大捷　沙湾战斗后，敌伪才知道广游二支队在退出禺南后不仅没有被消灭，而且更加坚强了，不免大起恐慌。以李塱鸡为首的南、番、中、顺伪军即周密布置了一个对西海大进攻的计划，“文边”辛镜堂，“武边”祁宝林从中筹划尤为着力，并先后在8月中秋节前后作了两次试探性进攻。那两次进攻，（广游）二支队故示虚弱，没有予以抗击，李塱鸡却以为得计，于9月23日发动了空前猛烈的大进攻，企图一下子把（广游）二支队全部消灭！

（广游）二支队预见到形势的恶劣，事先将一部分队伍转移到别的地方去，留在西海的实质上不过一个中队左右的兵力（战斗中他们获得了民众武装和一部友军的增援），然而他们却下了一个决心，无论如何要给敌人一个打击。

李塱鸡是以全力来拼命的，动员了两个团共2 000余人的水陆兵马，由祁宝林为总指挥，在天微明时即开始总攻击。但是，他们完全错误了。第一，他们对于河汊蔗林的地形不熟，也完全不晓得在这地形上应该用什么战术；第二，他们部队战斗的坚决性非常差，遇着战斗情绪异常炽烈的二支队自然一触即溃！二支队几个月来在这新地形上已作了好多次的战斗演习，且普遍学习了珠江三角洲游击战术课程，他们在这次战斗中，战术运用得很精明，以少数兵力据守碉堡，以大部分兵力布置伏击战、壕沟战（以小涌作壕沟）、袭击战。首先他们把从盐埗方面过来的敌人打垮了，总指挥祁宝林也（被）打死了！这一队敌人渡河后沿着蔗林进攻，刚行了不够400米就遭到了（广游）二支队一个班的伏击，当这100多人的伪军大队还来不及展开战斗阵［队］形的时候，（广游）二支队那个班却已迅雷不及掩耳地投入冲锋，伪军的阵势混乱了。一混乱，在这河流蔗林交错中便连方向也弄不清楚，就被迫向后转狼狈奔逃，祁宝林简直无法控制其队伍，高声呼喝中，一个子弹打中了他的肚子，他掩着肚子跑到河边，又一个子弹打中他的后心［背］（使其）毙命。那些被追逐得像鸭子一样没命奔跑的伪军官兵们，连总指挥也顾不及了，于是，缴械当了俘虏！

祁宝林被打死和其他主力崩溃后，其他各路的进攻也陆续被我打垮。有些是坐着船前进时便碰到伏击的，他们从船上跳到河里去，由河里爬上岸来，就在岸边或蔗林被俘虏了；有些是在桑林或蔗林中小路上前进时，被两边投过来的手榴弹解决了的；有些是在沿河边或鱼塘边前进时被一轮冲锋打到河里或塘里去的。正如那些逃生的伪军在市桥对人说的：打了一天仗，我们被完全消灭了，但是还没有见过游击队一个人！

缴枪、俘虏，风卷残云般进行着。

有一个碉堡的守卫战士通通跑到外面缴枪去了，只留得刘向东主任一个人和两个卫兵在那里瞭望，他看见一队伪军跳入碉堡边的鱼塘里去，猪一样游着爬着，但是迷失了方向，不知从哪一边上岸才好，刘主任拔出左轮一面打一面喊他们投降！

林锵云同志（那时是独一中队中队长）发觉有一队伪军缩在蔗林里，没有人去缴他们的枪，他便带了小鬼李培去找寻部队。但是他两人则［刚］穿过第一个蔗林时遇着另一队伪军，小鬼李培的步枪只有3颗子弹，他发了两枪便在蔗林里迷失了。当林同志穿过第2个蔗林又碰见3个伪军的时候，其实他身后1个战士也没有的，但是他人急智生，撒了一个大谎，大声向后面蔗林下命令叫部队冲出来，3个伪军吓慌了，把3支枪交了出来！

下午3时以后战斗基本上结束了，广游二支（队）只有一个干部在冲锋缴枪的时候，给伪军刺伤了脚。而战果是惊人的：杀伤伪军300余人，俘虏伪营长以下300余人，缴机枪3挺，长短枪300余支（多数重武器给投到河里去了），伪军两个团完全消灭。当晚李塱鸡还派受难保（黄志达）到碧江，企图收拾残兵再决战，但是他们收拾不到什么残兵，又听见神出鬼没的游击队战术，吓得连夜逃回市桥。船到南山峡的时候，5个手榴弹由山峡上投到他的船里，他简直灵魂儿飞到天外去了。手榴弹是禺南民众武装投的，他们特为伏击市桥增兵而来，可惜手榴弹没有爆炸。

西海大胜利是广州沦陷后游击战争的第一个大胜利。他［它］的影响普遍而深刻，尤其在禺南，许多乡村参加伪军的一个也没有回来了，战死的伪军官兵尸首随河水到处漂流，吃“虾春”的还吃出一个手指来。使得这一年的“虾春”在许多地方没有人敢再吃！许多人不敢再参加伪军。

乘胜利的余威，广游二支队联合友军继续克复碧江及陈村，把驻防当地伪军俘虏了或驱逐了，几次战役的俘虏都解送到政府去，但是功劳是“挺三”“代领”了，发下来的弹药也是“挺三”“代领”了。

吴勤司令之死 吴勤司令——珠江三角洲游击队的领袖，珠江三角洲人民的领袖和亲密的朋友。他是令人难于忘怀的，他虽然牺牲了，但他将永远活在人民的心坎里！

我第一次见到吴勤是在民国二十九年（1940年）秋，那天他刚从曲江回来，头上戴一顶小竹笠，穿一套绸短衫，敞开了胸，撩高裤脚，穿一对草鞋，是身材特别高大的农民，面孔紫赤有些痘斑，两额突起，大眼怀炯炯的发光，额部高阔，声音宏大［洪亮］，他的头发花白了，面部刻满风霜痕迹，说明他是饱经斗争的老战士。他的臂弯里挟着一个纸包，纸包里包着一套底衫裤和一个装手巾、牙刷的胶袋，这就是他的全部行李。

他的生活俭朴，使人甚至怀疑他是一个吝啬鬼或者在做作。但事实如此，他不吃烟也不饮酒，能够跑的路就不肯花钱坐船，唯一的浪费就是保持着南、番、顺人民的一种嗜好：上茶馆。民国三十年（1941年）春，他的家迁居林岳的时候，家里烧的柴炭也还是由他的亲戚送那些干桑枝来代替的。民国三十一年（1942年）夏，（他）住在陆村（顺德属），天天亲自开垦，种禾、种菜。他死后，他的母亲在肇庆做手艺度活，他的女儿寄养在朋友家里！

他说话很粗，喜欢夹上一两句“丢那妈”，但他是亲切和热烈地对待任何一个人，绝没有半点臭架子；他演说前，因为自己的文化水平比较低，常常和一个小队服务员先作一番讨论；对于他生活上的事情，卫士的劝告，他也极愉快的接受。他每到一个地方，都会听见到人对他这样称呼：“吴司令”“痘皮勤”“多窿”（痘皮的意思）。他不但不恼，都报以同样快活的招呼，因为这些人，多半是他的好朋友。

他原籍东莞，祖上早迁居南海县南浦，辛亥革命时，便是一个积极的民族主义者，孙中山先生任大总统时，他充任过卫队长；大革命时期是省农会的特派员（南海四区农民协会会长、农团团长，未任特派员——编者），是一个极受拥戴的农民领袖；大革命失败后出走南洋，抗日民族统一战线形成时，才从海外回来参加祖国抗战，而他竟未及见抗日胜利，在民国三十一年（1942年）5月7日死于敌顽的黑手中了！

西海大战胜利后，吴勤司令努力推动顺德、南海的团队组织共同战线，抵抗李塱鸡向西发展。这个主张获得各方赞同，林小亚为着保持顺德的地盘和领袖地位，当时也曾认真协助过，并到过西海演讲，称赞“西海为顺德抗战的门户”。

团结所有抗战武装的统一战线组织建立了。

（该组织）定名为“自卫联合委员会”，吴勤为主任委员，林小亚为军事总指挥，包罗了顺德的抗战武装的全部和禺南的一部，总数在3 000人以上，这是南、番、顺统一战线最广泛发展的黄金时期。但是，这个黄金时期不幸很快便结束了，敌伪和反动派两面夹攻地向我发动了新的政治攻势，进行了严重的挑拨和分化！

首先是李塱鸡以辛逆镜堂为代表写信来要求“互不侵犯，各守防地，共同发展”，继之亲身到陈村找林小亚谈判。林小亚是应战主义和观战主义者，乐得满口应承，就在陈村花园举行了一个惊动一时的“游伪大会”。事前林小亚邀请吴勤去参加“盛会”，吴勤回答他道：“我去是可以的，只是我一见到他们就要拔枪打了！”其次，林小亚是曾经拿着西海大战胜利去报功的，反动派对他所说与二支队共同作战一事极感不满，若非他的“历史根底好”，就有撤职处分的危险，他为着避免这危险和保持他的大顺德主义，因此，他必须第一步与二支队分裂，并孤立二支队，进一步消灭二支队。“游伪大会”之后，林小亚便积极分化自卫联合委员会，拉拢一些头子脱离领导，置自卫联合委员会于分崩离析的地步。

吴勤对于林小亚这种破坏团结、破坏抗战、勾结敌伪的行动还始终是保持忍让态度的，最明显的表现陈村事件上。民国三十一年（1942年）春，敌伪强迫各县推用伪储券，陈村伪联防队欧荣等银号为虎作伥，极力响应。二支队为惩一儆百起见，派了5名短枪队员特向该银号发警告，为林小亚部下梁雨泉部（同时亦属伪联防队）所追击，5名短枪队员被击毙3名，1名被捕。当时吴勤闻讯亲自交涉，要求释放被捕队员，梁德明等置诸脑后，竟将该队员拉去枪毙！此事引起吴勤极大不平，曾计划布置决定打陈村，生擒欧荣，以正国法；适是时林小亚又在陈村召集各头子开会，本来侦察布置已经完善，要是发动攻击，连林小亚等均可一网成擒，但是吴勤不单［但］把这计划取消，要待林小亚会议结束离开陈村才肯发动进攻，甚至无论如何也要避免与梁雨泉等引起摩擦，决定进攻时通知他不要误会。后来泄漏了秘密，停止了整个作战计划。却也可以从此看到：吴勤是怎样忠诚于抗战事业的。谁知己以直对人，人则以怨报德，吴勤终于死于阴谋暗算中。

自从陈村事件后，林小亚与敌伪勾结日益密切，暗杀吴勤的消息日有所闻，惟［唯］吴勤坦然处之，抱着“我没对不住谁，谁会对不住我”的心怀，仍经常来往陈村一带。5月7日，他又由睦村赴陈村，在水枝花渡河地方，突然遭到梁雨泉部及辛逆景熊（辛逆镜堂之子）部的联合伏击，吴勤和其夫人、外甥及卫士数人因力量悬殊及地势不利，皆中弹牺牲。

吴勤司令的尸体被搬到市桥去示众。广州伪报即大字登载“击毙游击匪首”的新闻，广东省国民党军政当局又公开下令嘉奖梁雨泉“击毙奸匪首要”有功，其实向国民党当局争功的还大有人在，林小亚、梁雨泉不用说，史文坚、刘登等也拼命活动，史文坚曾要求李塱鸡准许他摄吴勤的遗体去做领功的“物证”。民国三十四年（1945年），郑少康还从史文坚家中搜查出此类“物证”。

吴勤司令牺牲了，敌伪和反动派及其爪牙们都欢欣鼓舞，翘首以望（广游）二支队瓦解。（广游）二支队全体官兵的悲愤之情是不言而喻的，他们发出了紧急通电，揭露真相，要求惩办凶手，同时积极准备了对付敌伪顽的进攻，并为着加强领导起见，推选了林锵云为代理司令。林锵云也是为南、番、顺人民所热爱的。远在大革命时代，他便在南海国民党党部任过要职，从事农民运动，但他更多时间则是干工人运动。广州沦陷后，他在那里组织了第一个为共产党直接领导的游击队，曾多次出击过大良城，杀死了几个日本军官；民国三十年（1941年），他的队伍编入（广游）二支队。由于他是无产阶级的老战士和抗日战争的老战士，他明智的头脑和坚定的指挥，使他在部队的威望迅速地增长，吴勤未牺牲前在外面活动时，早就由他代理一切队内的领导工作的，因此吴勤牺牲后，他被推举为继承者是自然的事。

林代司令在部队内是被战士和干部当做一个威严而又慈爱的爸爸来敬爱着的，民众们也是这样看待他，叫他做“林叔”。他因为年纪和过去监狱摧残之故，身体已经有点衰弱，连胡子也花白了，他的革命意志和热情使他保持异常旺盛的生命力，行军是永远不落后的，战斗中也永远亲临指挥，一点也不放松，而日常生活的享受也和一般干部和战士一样，甚至还要节俭和整［廉］洁。

忠义社章程[1]

（甲）组织缘起

我地农民已经穷苦好久嘞。封建地主、反动势力骑响农民头上，剥削、压迫农民，就係我地从远祖远宗起，一路穷苦到现在嘅原因，呢个世界係唔合理唔平等嘅，我地唔能够而且唔应该再捱穷再忍受嘞。我地要齐心起来，消灭封建反动势力。挖去封建剥削嘅根，挖净农民嘅穷根。

现在，全国人民都起来翻身嘞。为人民服务既解放军，已经向我地华南进军，反动政府就要塌台，封建反动统治就要被完全消灭；现在就係农民翻身嘅千载一时嘅机会。

齐心就有办法，团结就係力量。忠义社就嘅团结农民的团体，消灭反动势力谋农民翻身嘅团体。我地农民大家团结在忠义社中，我哋每个人嘅力量就可以发挥出来，汇合各人嘅力量就係大力量。一切阻碍一切困难都可以克服，一切反动势力都可以消灭。

农民呀！大家团结起来呀！

（乙）宗旨

（一）消灭反动封建势力；

（二）谋全体农民翻身；

（三）建立平等幸福嘅新社会

（丙）规约

（一）团结农民　（二）保守秘密　（三）努力工作

（四）坚决到底　（五）团结人民　（六）服务人民

（七）不做坏事　（八）友善相劝

（九）有过相规　（十）努力学习

---

① 本文引自佛山市顺德区档案馆馆藏资料，成文于1948年，文中多用粤语表达。忠义社是中共顺德组织在沙头组建起来的农民武装。

（丁）组织原则

（一）本社组织采取民主集中制；

（二）全体社员大会为本社最高权力机关；

（三）重大问题由大家决定；

（四）负责人由大家选举；

（五）大家服从决议；

（六）少数服从多数；

（七）大家接受负责人领导；

（八）大家一律平等，无地位阶级之分；

（九）批评会中大家有批评任何人的权利；

（十）大家有发言权、表决权、选举权和被选举权。

附录二

红色歌曲[1]、歌谣

西 海 颂

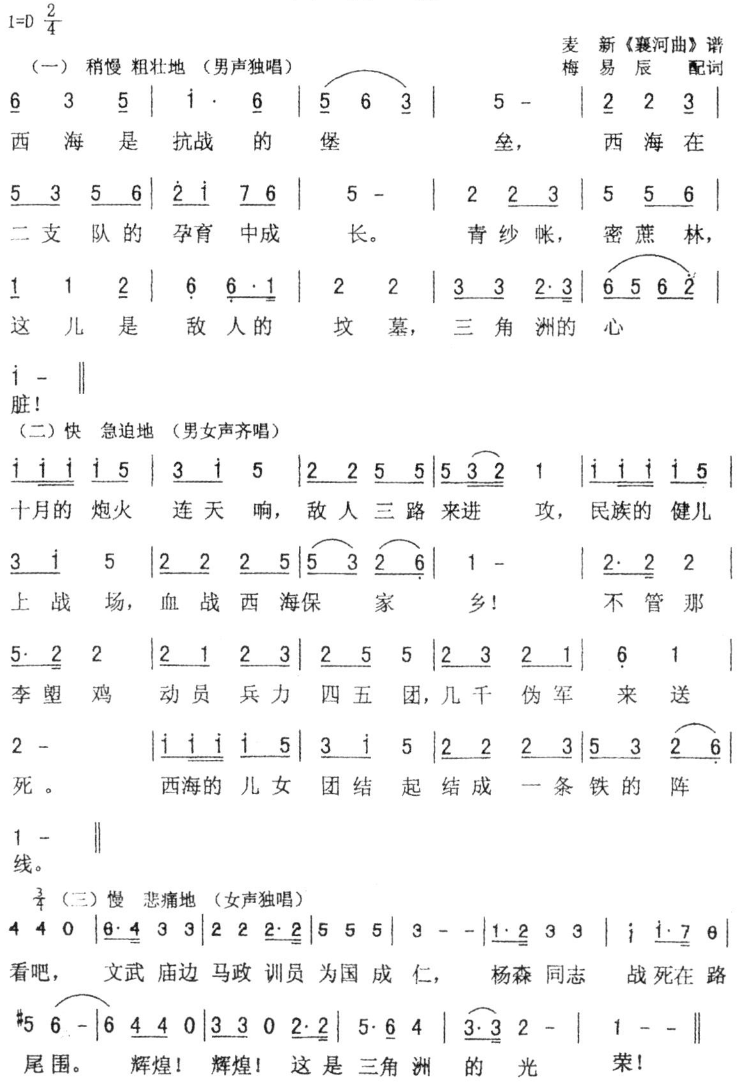

1=D 2/4

麦 新《襄河曲》谱
梅 易 辰 配词

（一）稍慢 粗壮地（男声独唱）

6 3 5 | 1̇ · 6 | 5 6 3 | 5 – | 2 2 3 |
西 海 是 抗战 的 堡 垒， 西 海 在

5 3 5 6 | 2̇ 1̇ 7 6 | 5 – | 2 2 3 | 5 5 6 |
二 支 队 的 孕育 中成 长。 青 纱 帐， 密 蔗 林，

1 1 2 | 6 6 · 1 | 2 2 | 3 3 2· 3 | 6 5 6 2̇ |
这 儿 是 敌 人的 坟 墓， 三 角 洲的 心

1̇ – ‖
脏！

（二）快 急迫地（男女声齐唱）

1̇ 1̇ 1̇ 1̇ 5 | 3 1̇ 5 | 2 2 5 5 | 5 3 2 1 | 1̇ 1̇ 1̇ 1̇ 5 |
十月的 炮火 连 天 响， 敌 人 三 路 来进 攻， 民族的 健儿

3 1̇ 5 | 2 2 2 5 | 5 3 2 6 | 1 – | 2· 2 2 |
上 战 场， 血 战 西 海保 家 乡！ 不 管 那

5· 2 2 | 2 1 2 3 | 2 5 5 | 2 3 2 1 | 6 1 |
李 盟 鸡 动 员 兵 力 四 五 团，几 千 伪 军 来 送

2 – | 1̇ 1̇ 1̇ 1̇ 5 | 3 1̇ 5 | 2 2 2 3 | 5 3 2 6 |
死 。 西海的 儿 女 团 结 起 结 成 一 条 铁 的 阵

1 – ‖
线。

3/4（三）慢 悲痛地（女声独唱）

4 4 0 | 6· 4 3 3 | 2 2 2· 2 | 5 5 5 | 3 – – | 1· 2 3 3 | 1̇ 1̇· 7 6 |
看吧， 文武 庙边 马政 训员 为国 成 仁， 杨森 同志 战死在 路

#5 6 – | 6 4 4 0 | 3 3 0 2· 2 | 5· 6 4 | 3· 3 2 – | 1 – – ‖
尾 围。 辉煌！ 辉煌！ 这 是 三角 洲 的 光 荣！

---

① 此处选用的红色歌曲为影印，未做编辑。

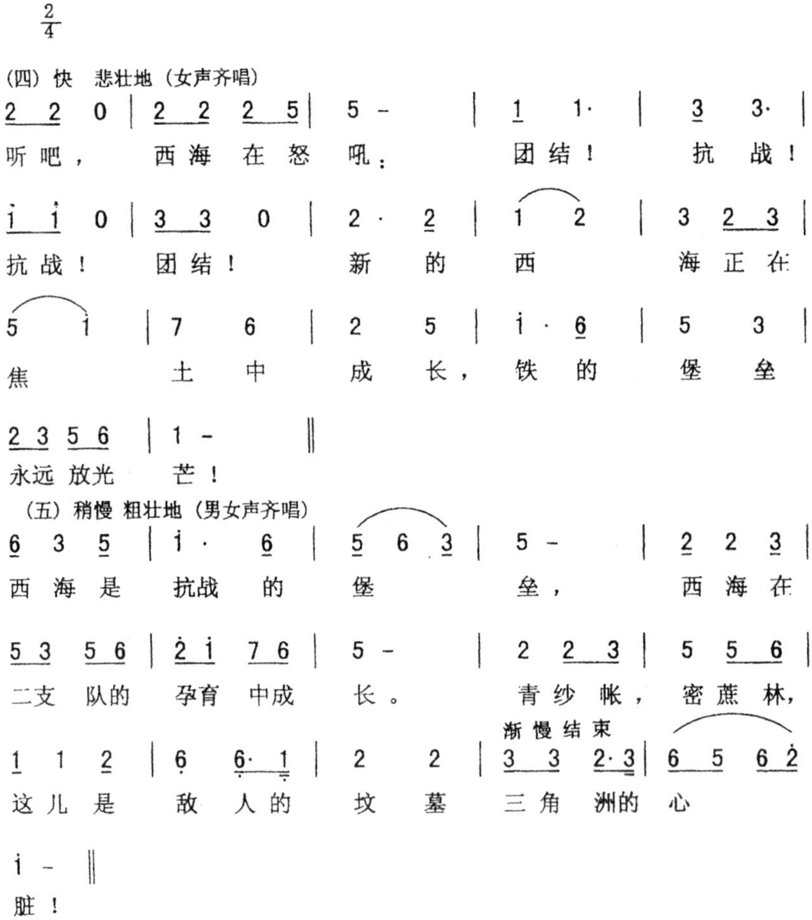

2/4

(四) 快　悲壮地（女声齐唱）

2 2 0 | 2 2 2 5 | 5 - | 1 1· | 3 3· |
听吧，　西海在怒吼：　团结！抗战！

i i 0 | 3 3 0 | 2 · 2 | 1 2 | 3 2 3 |
抗战！团结！　新的西　海正在

5 i | 7 6 | 2 5 | i · 6 | 5 3 |
焦　土中　成长，铁的　堡垒

2 3 5 6 | 1 - ‖
永远放光　芒！

(五) 稍慢 粗壮地（男女声齐唱）

6 3 5 | i · 6 | 5 6 3 | 5 - | 2 2 3 |
西海是　抗战的　堡　垒，　西海在

5 3 5 6 | 2 i 7 6 | 5 - | 2 2 3 | 5 5 6 |
二支队的　孕育中成　长。　青纱帐，密蔗林，

渐慢结束

1 1 2 | 6 6· 1 | 2 2 | 3 3 2· 3 | 6 5 6 2 |
这儿是　敌人的　坟墓　三角洲的心

i - ‖
脏！

反拍围歌

1=F $\frac{2}{4}$
愤怒地

邓准 词(粤语)曲
李海 陈国雄 忆录

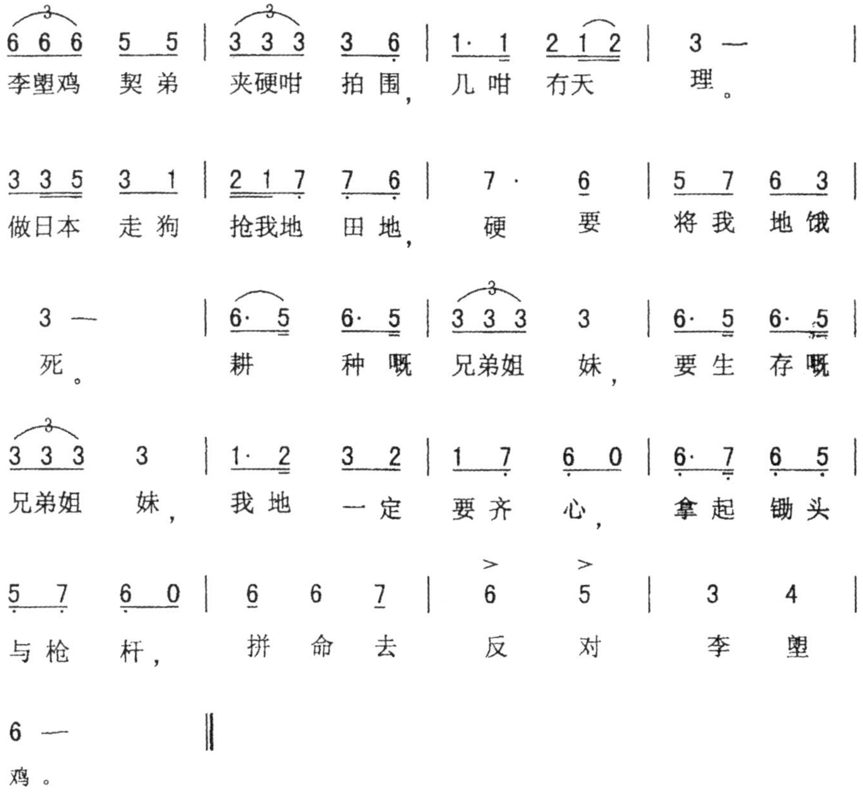

6 6 6 5 5 | 3 3 3 3 6 | 1· 1 2 1 2 | 3 — |
李塱鸡 契弟 夾硬咁 拍围，几咁 冇天 理。

3 3 5 3 1 | 2 1 7 7 6 | 7 · 6 | 5 7 6 3 |
做日本 走狗 抢我地 田地，硬 要 将我 地饿

3 — | 6· 5 6· 5 | 3 3 3 3 | 6· 5 6· 5 |
死。耕 种嘅 兄弟姐 妹，要生 存嘅

3 3 3 3 | 1· 2 3 2 | 1 7 6 0 | 6· 7 6 5 |
兄弟姐 妹，我地 一定 要齐 心，拿起 锄头

5 7 6 0 | 6 6 7 | 6 5 | 3 4 |
与枪 杆，拼 命 去 反 对 李 塱

6 — ‖
鸡。

妇训班之歌

1=C $\frac{3}{8}$

[意]J·科特劳　曲
梅易辰　　配词

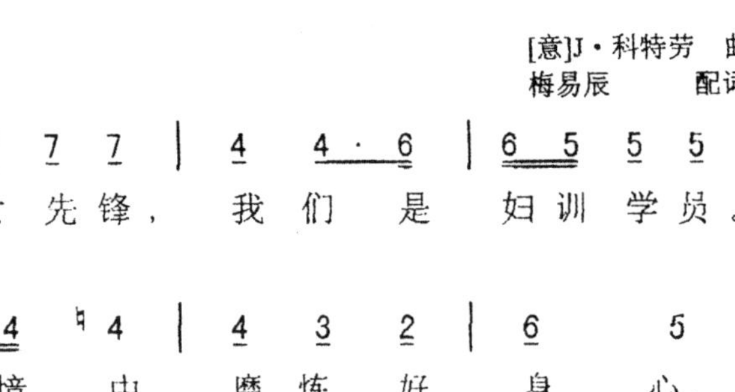

注：1944年1月，珠江三角洲抗日游击队曾在南海县的理教举办妇女干部训练班。南三大队政委梅易辰（李群）根据西洋歌曲《桑塔·露琪亚》的曲谱，另配《妇训班之歌》的歌词在该班教唱，大大鼓舞了同志们的革命热情。

八月十五（龙舟歌[1]）

八月十五是中秋，西海乡民准备拜月楼。衣扎买归还买酒，劏鸡杀鸭更重要烧幽。元宝蜡烛都买够，生果诸般更重有味芋头。月饼切成一旧旧，一年一度都系为着纪念周。

保佑国家安乐人运就，求神庇佑咯保护咯有因由。点知咁啱撞着塱鸡个的衰鬼豆，结合西海乡长叫做老欧，欲向着西海乡村来埋手，得来统治达到佢要求。况且种植咁多样样有，重话地税三年未有收。况且蔗又劈时禾又将近熟透，所以先派人控制地头。如狼似虎如猛兽，个班契弟为着发财把嘢偷。乡人得知疏散走，就把金钱携带无些留。又到个的黄泡仔似乎得入手，周围搜索静幽幽。捡去捡来发财难就手，只见台上摆下个的碌柚与芋头。佢地一个唔该食到够，有的杨桃咬住，又把月饼偷。好似七月十四烧衣饿鬼来领受，谁人看见都觉得下流。

又到个的"长官"开言话时候够，银鸡吹起把队收。落到电船开身走，一直车到市桥大码头。祁宝林忙上岸走去报告李塱鸡，就把军事行动讲出嚟，点点滴滴详详细细：先派一连入去里底，还有几连在后底，支人马派在路尾围，几连人马都系我指挥，下令冲锋无乜阻滞，一轮火响就打晒入围。

慢谈塱鸡个的契弟，且唱我地乡民返到归。回到家中就把各物睇，干干净净都唔见齐。二叔公话唔见猪；二叔婆又话唔见米；隔邻三嫂话唔见鸡，况且每日生蛋唔系细。而家唔见有乜话为。通街吵闹嘈嘈闭，眉头皱皱，好似画坏钟馗！二叔公话你再来就俾嘢过你睇，二叔婆话但再来就要佢命丧归西。

从今以后就要打敌伪，若然唔打，极受惨凄，团结起来力量唔细，坚持抗战，胜利一定会到来。

---

[1] 龙舟歌是珠江三角洲的曲种，该歌流唱于1941年10月西海大捷之后。

附录三 重要革命人物简介

中国共产党成立后，中共广东省组织陆续派遣一批共产党员到顺德开展革命活动，这些共产党人好比种子，与顺德人民结合起来，在人民中生根、开花。在大革命期间，他们发动轰轰烈烈的工农运动，吹响争取工农解放斗争的号角；在抗日战争时期，放手发动群众，壮大人民力量，开展敌后抗日斗争，建立游击基地，抗击侵略者；在解放战争时期坚持武装斗争，建立革命据点，配合南下大军，解放顺德。革命者的英名和英雄事迹，铭刻在顺德革命史册中。

陈九（1893～1993年），北滘西海人。大革命期间，他积极参加农民运动，任和隆围（路尾围原称）农民协会自卫军分队队长；1937年8月，加入中国共产党；抗日战争爆发后，积极参加抗日救亡活动；1937年3月1日，任西海抗日同志会主任，积极配合教忠中学宣传队，在碧江、坤洲、大涌口、乌洲、大洲、古坝、蛇洲围、张松等地宣传抗日救亡。

1939年，陈九发动群众参加顺德抗日游击队，任副中队长；1940年3月，与林锵云在禺南地区开展统战工作，组织实施镇压钟村伪乡长，伏击员岗投敌土匪，夜袭大山汉奸陈才部、日本侵略军等战斗。同年4月起，陈九跟随吴勤经营经济，为部队筹集资金，筹措部队军需给养。6月，中共南番中顺中心县委成立，陈九的住宅成为中心县委会议、联络、居住场所。

1941至1942年，陈九参与西海、林头、广教等多场战役，他利用熟悉地形的优势，为部队指路，冲锋陷阵。1943年初，广游二支队撤出西海后，陈九率敌后武工队隐蔽在路尾围外的大东海，开展敌后斗争；1944年7月，参与活捉乌洲伪乡长梁葵战斗。1945年3至4月，参与反击日伪顽军“万人扫荡”，掩护广游二支队挺进西江；1949年5月，在番禺独立团工作，于番禺、顺德、中山、东莞等地组织番东中顺农民起义军部队。

中华人民共和国成立后，陈九历任顺德县支前副主任、自卫队总队副队长、合办农场五场专长、县农场场长、北滘人民公社荣誉社长；1979年改革开放后，当选为顺德县第五、六届政协委员；退休后，致力于革命传统宣传。据不完全统计，至1993年病逝前，陈九应邀在顺德县、佛山市区、广州等单位，回顾讲述抗日战争英勇斗争的历史70多场。

林锵云（1894～1970年），又名锟池、昌文，广东省新会县六区沙岗乡（新会罗坑镇下沙村）人，14岁当学徒，随后在外国轮船当服务生。1914年冬，林锵云参加中华革命党，中国共产党成立后，积极投身于党领导下的工人运动。1925年，他组织动员洋务工人参加省港大罢工，并被推选为香港罢工工人代表大会代表；当年夏，任国民党南海县党部农民部干事；9月，加入中国共产党。1927年，林锵云参加中共领导的广州起义；1928年2月，在香港任中共洋务工会支部书记；1929年5月后，历任中共南海县临时县委书记，中共佛山市委常委、中共香港工代会党团书记、中共九龙地委书记兼洋务工会支部书记。1932年1月，林锵云到上海，被全国海员工会安排负责太平洋航线海员工作；5月，在上海码头被捕，被国民党南京军法处判无期徒刑，转到江苏省陆军军人监狱。1937年“七·七”事变后，日本侵略军飞机狂轰滥炸上海、南京和苏州等地，他与其他政治犯乘机逃脱。1938年1月，他在八路军驻武汉办事处与组织接上关系后，被派回广东省，任中共南（海）顺（德）工作委员会委员。

1938年10月，林锵云和黄云耀等同志，在顺德龙眼、众涌等地活动，发动十几名青年党员和农民参加游击队；1939年2月在大良蓬莱小学建立顺德游击队；1940年3月，中共南顺工委被撤销，林锵云任中共南番顺工委书记；6月，任中共南番中顺中心县委委员；9月，任广游二支队独立第一中队中队长，率部队进驻西海，开辟中共在珠江三角洲第一个敌后抗日游击根据地；10月，指挥部队在涌边村与伪军激战8小时多，打退伪军9次进攻，毙伤多人，缴获步枪10余支；1941年3月，带领独一中队50余人，夜袭泮浦伪警察大队，缴获轻机枪1挺、长短枪30支、手枪5支；1941年7月7日，率部队袭击番禺里仁洞汉奸李少棠巢穴，缴获长短枪10余支；10月17日，和谢立全、刘向东一道，指挥西海战斗，歼灭伪军1个团，击溃2个团和1个护沙总队，击毙敌前线代理总指挥以下200多人，俘敌110余人，广游二支队仅伤亡各1人。此战是华南敌后抗战中以少胜多的最好范例，被誉为“西海大捷”。

1942年5月7日，广游二支队司令吴勤遇害牺牲后，林锵云任广游二支队代司令。10月，中共南番中顺中心县委作出“进一步经营禺南，发展中山，开辟南（海）三（水）”的决定，林锵云和谢斌、严尚民率两个中队，转移到禺南大谷围和榄核地区，指挥南番中顺地区各部队。1943年2月，林锵云任南番中顺游击区指挥部指挥，主持制定《关于政权工作的决定》，成立以五桂山区为中心的抗日民主政权；10月1日，任中区纵队司令员，率部队挺进粤中地区，建立以皂幕山、老香山为依托的粤中抗日游击区。

1943年11月，中共中央批准成立广东人民抗日游击队珠江纵队，林锵云任司令员，与政治委员梁嘉、副司令员谢斌、参谋长周伯明、政治部主任刘向东联名发布《广东人民抗日游击队珠江纵队成立宣言》《珠江纵队司令部报告》《拥政爱民公约》；7月，当选为中共广东区党委委员；8月15日，率部挺进粤北，开辟粤北根据地。

抗日战争胜利后，1946年6月，林锵云率珠江纵队部分干部、战士北撤到山东解放区烟台市，任两广纵队副政治委员；1948年夏，率两广职工代表团出席全国第六次劳动代表大会，当选为中华全国总工会执行委员会委员、常务委员，并担任总工会组织部长。

1950年初，林锵云奉调返广东，历任华南分局职工委员会第二书记、省劳动局长、广东省总工会主席；1958年9月，当选广东省副省长，分管民政和革命老区建设工作；主持制定全省革命老区的交通、水电、生产、文教、卫生等方面的建设规划，在当时较为困难的情况下，反复力促落实；1962年9月，率领一批老干部访问顺德、中山、新会、博罗等县抗日根据地，解决老区群众生产生活上的困难。

吴勤（1895～1942年），原名吴勤本，祖籍东莞，幼年随父迁居佛山镇南浦村。1916年，他参加民军，作战英勇，只身泗水爆炸济军舰，受孙中山嘉奖，选入孙中山卫队；1923年，投身中国共产党领导的农民运动，推选为南浦乡农团团长，成为珠江三角洲领导农民运动的第一人；当年8月，参加广州农民运动讲习所第二期集训，加入中国共产党；1925年5月，当选为南海县四区农会会长，领导农民减租减息，禁烟禁毒。1927年，广州爆发“四·一五”事变，吴勤在顺德、南海一带坚持斗争；12月7

日，广州起义前夕，被任命为南海农民赤卫军第二团团长，奉命率团攻打佛山。斗争失败后，他逃亡到香港和新加坡。

1937年，全面抗日战争开始，吴勤返回香港，与中共南方工作委员会取得联系（但未恢复党籍）；年底，返回广州组织抗日武装——抗日义勇队，在夏滘河面伏击日本侵略军2艘运输船，击毙日军十几人，缴获一批物资；接着，袭击小塘火车站，毁其交通，打响珠江抗日第一枪；随后，组建“广州市区游击第二支队”，任支队司令。日本军队扫荡顺德陈村时，吴勤指挥广游二支队与日军浴血奋战；1938年12月，只身潜往香港，找到八路军办事处主任廖承志，提出要接受中国共产党领导。中共组织先后派刘向东、严尚民等党员干部到广游二支队，协助吴勤工作，逐步使二支队成为中共直接指挥的抗日武装。1939年5月，吴勤与各方面人士一起组建民众抗日团体——抗日俊杰社，设有10个分社，成员逾千人，吴勤任社长。

1937年12月中旬，日本军队进攻大良，指挥部队在金桔咀旧寨设防阻击日军，打退日军进攻。1941年10月，日本军队袭击西海，大力支持林锵云、谢立全指挥，筹集枪支弹药和粮食，为西海保卫战胜利作出积极贡献。

国民党反动当局对吴勤所领导广游二支队的声望不断提高和部队的迅速发展感到不安，制定“剿共”和消灭广游二支队的秘密计划。1942年5月7日上午，国民党反动派在陈村水枝花河道伏击吴勤夫妇等一行，吴勤惨遭暗杀，时年47岁。

1951年2月14日，佛山市人民政府在南浦村建起吴勤烈士陵园，立碑永志。

李民智（？～1926年），大门北村人，父母早丧，由姨母抚养；读过九年私塾，成年后在炭铺做工。1923年，李民智积极参加中共顺德组织领导下的工农运动，接受革命真理，1924年1月加入中国社会主义青年团，任顺德支部书记；同年加入中国共产党。他变卖祖屋作革命活动经费，深入联络发动工农群众，陆续组（重）建炭业、碾谷、梳篦、茶楼、建筑、爆竹等行业工会。1924年7月，他参加广州农民运动讲习所第一期讲习班学习；8月，以中央农民部特派员的身份，返回顺德；11月14日，任中共顺德县支部书记。

国民党顺德县党部改组后，李民智任县党部委员。这期间，他致力顺德工农运动，创建全县首个农民协会——云路涌农民协会，建立农民自卫武装队伍——农军，开办顺德县农军干校，率领农军多次挫败反动地主武装暗杀农会干部的图谋；1926年8月，在增城县正果圩被恶霸地主捕获杀害。

郭竹朋（？～1928年），大良云路村人；1923年7月，组建农民武装自卫组织——大良农团；1924年1月，加入中国社会主义青年团顺德支部；同年8月，任云路涌农民协会委员长。1925年4月17日，顺德县农民协会成立，郭竹朋任委员长，倡导“二五减租”、废除苛捐杂税、收缴地主民团武器；1926年10月，任顺德党支部农运委员；1927年“四·一二”政变后，根据上级党组织部署，策动农民武装参加广州起义；1928年6月16日晚，在云路村遭地主民团围捕，壮烈牺牲。

梁庆根（1898～1938年），逢简人，1925年毕业于交通大学，是广州农民运动讲习所第五届学员。毕业后，梁庆根任中央农民部特派员，并加入中国共产党，返回顺德开展农民运动；与李民智、郭竹朋等人组织区乡农民协会，培训农民自卫军。1926年5月，梁庆根任中共顺德县支部书记；同年10月，转任副书记兼组织委员，分管农运工作；至1927年初，全县先后建立起10个区农会，125个乡农会，入会农民四五万人，还建立和发展数千农民武装。在农军与地主民团多次战斗中，梁庆根亲临前线指挥；1927年12月广州起义前夕，任顺德工农讨贼军总指挥，起义失败后，化名为李炳霖，他与妻子辗转至鹤山县禄洞、古劳等地小学任教；1937年，找到省委并恢复党组织关系，以国民革命军第四路军政训处战时工作队的名义，在逢简组织农民抗日自卫大队，任大队长；1938年病故。

刘尔崧（1899～1927年），广东紫金人。广东省立第一工业学校毕业，担任校学生会主席；1919年，参加广州“五四”爱国学生运动。1921年，刘尔崧加入中国共产党。

1922年冬，以“爱群通讯社”记者身份，刘尔崧到顺德大良开展工人运动，深入工厂，广交工人朋友，开设工人夜校，主持讲课，宣传马克思主义和俄国十月革命，介绍国际、国内工人运动情况，启发工人提高政治觉悟。他建立炭业、碾谷两个行业工会，改组原为广东省总工会顺德支会属下的梳篦、茶楼、建筑、爆竹4个行业工会。1923年6月，刘尔崧参加中国共产党第三次全国代表大会；1924年1月，组织成立中国社会主义青年团顺德支部；同年4月1日，领导大良30多家酒楼茶室、饼业400多名工人罢工，并发动全县各行业工会、广州“新学生社”和广州各行业，支持、援助罢工。罢工斗争坚持120天，取得胜利。7月，刘尔崧领导广州沙面洋务工人大罢工，创建广东工团军，并率领工团军与农团军、黄埔学生军一起，参与平定广州商团叛乱。

1925年5月后，刘尔崧参加第二次全国劳动大会，参与领导省港大罢工，担任省党部工人部长，主持召开广州工人代表大会第一次代表大会，被选为执行委员会主席。1927年4月15日他被国民党军警逮捕；19日，被秘密杀害在珠江白鹅潭。

冯菊坡（1899～1957年），伦教人，1919年就读于广州慕藜英语学校，1921年初加入广东社会主义青年团，同年8月加入中国共产党。1921年秋，冯菊坡以中共广东支部机关报《广东群报》代表名义，出席共产国际在莫斯科召开的远东各国共产党及民族革命团体第一次代表大会，受到列宁接见。1922年6月，冯菊坡任广东党组织的主要负责人；1924年1月国共合作期间，参与改组国民党顺德县党部工作，指导顺德6万多名缫丝女工开展争取个人权益的斗争。1927年后，冯菊坡历任中共香港市委书记、中华全国铁路总工会委员长、中共广东省委常委；中华人民共和国成立后，历任重庆南开学校副主任委员、广东华南联合大堂附属中学教务主任、广东省政协副秘书长等职；1957年因病去世。

詹宝华（1901～1927年），连县人，1925年考入黄埔军校，同年冬参加中国共产党。1926年4月，詹宝华任顺德农民自卫军干部学校校长，与学员同甘共苦，严格抓好政治军事训练，开展建党工作，仅半年培养农军骨干200多名。农军干校成为全县军事指挥的核心，干校学员经常开赴各区、乡支持工农革命斗争，使农军迅速发展到二三千人。同年冬，詹宝华在陈村增设分校，把军事培训工作推向高潮。1927年2月4日，二区农民协会举办成立农军授旗典礼，大门乡土豪李国盛率地主武装数百人乘虚进攻新滘口农会，詹宝华率领干校学员80多人，火速驰援，在古鉴鲤鱼岗下激战5小时，壮烈牺牲，时年26岁。

刘向东（1906～1984年），学名刘汉荣，曾用名刘潜迅、何向东、刘海浦等，广东揭阳（现揭西）县良田乡人；1927年初，加入中国共产主义青年团。1931年“九·一八”事变后，刘向东积极参与到南京请愿和上街游行示威；1935年秋，受聘担任《星中日报》驻东京特约通讯记者；1937年8月，以《星洲日报》特派记者的身份赴延安，受到毛泽东等中共中央领导的接见；同年10月，加入中国共产党。

1938年后，刘向东历任战区政治部宣传科科员、广东省动员委员会任督导员，在中山、四会、新兴、高要、肇庆等地区开展敌后抗日武装斗争；1939年1月，根据广东省委的指示，会见广游二支队司令吴勤，具体了解广游二支队情况。随后，刘向东参与对部队整编工作，任广游二支队政训室主任，成立中共广游二支队直属队党支部，任支部书记；动员大批工人、农民加入队伍，直属队整编后有六七十人；期间，还印发《告三角洲敌后同胞书》，提出“抗战、团结、爱民”三大口号，把“三大纪律，八项注意”作为部队政治思想工作内容，加强对部队的政治和军事素质。1939年7月底，广游二支队直属队转移至番禺石涌。9月，石涌党支部成立，刘向东任书记。

1940年3月，刘向东任中共南（海）番（禺）顺（德）工作委员会委员；4月15日，主持创办《抗战旬刊》（1942年4月改称《正义报》），至1944年8月共出版23期；6月，任中共南番中顺中心县委委员。

1941年7月11日晚，刘向东率广游二支队独立第一中队和第一大队200余人，夜袭驻沙湾伪军和伪警察所，歼灭伪军1个连大部和伪警察所，缴获步枪50支，弹药一批；同月，在桃村横岸袁家祠主办第一期军政干部训练班，与林锵云、谢立全、严尚民等讲课，培训中、小队干部30多人。10月17日，刘向东协助林锵云、谢立全指挥西海战斗。

1942年6至9月，刘向东与林锵云、谢立全、谢斌等指挥广游二支队和民兵先后3次袭击伪顽军的据点林头，拔除槎涌、三洪奇、广教、水口、碧江等周边据点，挫败国民党勾结日伪联合的“大扫荡”；同年10月，和邝明等到马村、莘村，开展对地方实力派部队的统战工作。

1943年2月，南（海）番（禺）中（山）顺（德）游击区指挥部成立，刘向东任指挥部政治部主任，与林锵云、罗范群、谢立全、谢斌等，在南番中顺地区开辟新区。1944年11月14日，中共中央批准成立广东人民抗日游击队珠江纵队，刘向东任政治部主任，与司令员林锵云、副司令员谢斌、政治委员梁嘉、参谋长周伯明、联名发表《广东人民抗日游击队珠江纵队成立宣言》《珠江纵队司令部布告》《拥政爱民公约》。

1945年5月，刘向东与梁嘉、谢斌率领纵队机关和部分主力，挺进西江，配合南下的王震部队创建粤桂湘边五岭抗日根据地；1947年1月后，调到潮汕地区，历任中共潮汕地委副书记、闽粤赣边区纵队副司令员兼潮汕支队司令员、闽粤赣边区党委执委；1949年8月，参加叶剑英主持召开的赣州会议，被任命为中共珠江地委书记兼珠江军分区政委；1949年11月至1951年5月，任中共珠江地委副书记。

1951年7月后，刘向东调任广东省人民政府林业厅第一副厅长、党组书记；1953年后，历任水利部、水利电力部、国家计委司长、局长。1962年8月至1965年8月，刘向东下放到佛山专区任中共地委副书记；1965年9月后，返回中央国家机关工作；1978年，当选为第五届全国政协委员；1984年8月，出版回忆录《回顾珠江纵队》；同年12月18日在北京病逝。

谢斌（1914～2010年），原名谢海龙，江西省吉安县（今吉安市吉州区）禾埠乡人；1930年参加中国工农红军，1931年加入中国共产主义青年团，1932年转为中国共产党党员。土地革命时期，谢斌历任红四军第二师第五团排长，红一军团第二师特务连连长，红十五军团第七十三师司令部第一科科长，第七十三师第二一七团参谋长、团长，第七十三师参谋长等职，参加了中央革命根据地第一至五次反“围剿”斗争和二万五千里长征；1937年入读延安抗日军政大学，任该校队长兼军事教员、第三分校大队长。

1940年6月，谢斌受中共中央委派到广东，任中共南番中顺中心县委委员，负责军事工作；任广游二支队司令部参谋，与林锵云等率部队进驻西海，开辟中共在珠江三角洲第一个敌后抗日游击根据地；10月，与林锵云、谢立全领导独立第一中队在沙湾涌边村与伪军激战，取得重大胜利；1942年2至4月，负责第二期军政干部训练工作，任班主任。1942年6至9月，与林锵云、谢立全、刘向东等指挥广游二支队和民兵三袭林头，粉碎日伪军的联合“大扫荡”。

1943年2月，谢斌任南番中顺游击区指挥部（简称“南番中顺指挥部”）副指挥兼参谋长。1944年10月20日，谢斌与林锵云、罗范群、谢立全、刘田夫率领机关和主力大队近500人从五桂山出发，冲破伪军重重包围，到达高明、鹤山县抗日游击区执行新的战斗任务；11月14日，任广东人民抗日游击队珠江纵队副司令员，与司令员林锵云、政治委员梁嘉、参谋长周伯明、政治部主任刘向东联名发表《广东人民抗日游击队珠江纵队成立宣言》《珠江纵队司令部布告》《拥政爱民公约》。

1946年，谢斌随部撤至山东解放区，任华东军政大学第五大队大队长、华东野战军第三纵队第八师副师长、第九师师长；参与济宁、沙土集、刘晓兴、洛阳、开封、睢杞、济南、淮海、渡江、进军浙江等战役；在淮海战役中，立一等功。

中华人民共和国成立后，谢斌历任华东军区上海航空办事处主任兼政治委员、华东军区防空军司令部参谋长、华东军区空军副参谋长、空五军军长，福州军区空军副司令员兼参谋长、司令员等职；1955年被授予少将军衔，获二级八一勋章、二级独立自由勋章、一级解放勋章和一级红星功勋荣誉章；2010年7月12日在南京逝世。

严尚民（1915～1997年），乳名洪冬，曾用名奎荣，笔名陈虹、公曼、羽浪、严霜、何日葵；广东惠阳县澳头乡人。曾在日本法政大学留学。1937年，严尚民在香港加入中国共产党；翌年，被推选为惠阳第二行政区委员会主任。

1939年6月，严尚民调任中共珠江三角洲特派员，兼任广游二支队政训室秘书；1940年2月，任中共番禺县工作委员会书记。3月，南海、番禺、顺德党组织合并，严尚民转任南（海）番（禺）顺（德）工作委员会委员。1940年4月15日，与刘向东、黄柳言等在番禺马地庄创办《抗战旬刊》（1942年4月改称《正义报》）。1940年6月，中共南番中顺中心县委成立，任委员。1941年7月，严尚民参与中心县委在桃村横岸袁家祠举办的第一期军政干部训练班；次月12日，与谢立全率领36人的精干小队，夜袭里仁洞，发展禺南敌后游击战；1943年3月，任南番中顺游击区指挥部属下南番委员会书记；1944年6月，与谢立全、郑少康等一道，率领部队活捉汉奸“十老虎”、擒“五豺狼”，夜袭新造日伪区公所、出击市桥等，沉重打击日本侵略军；7月，与谢立全率领顺德和南海部队，俘获乌洲伪乡长兼联防队长梁葵及其爪牙50余人，缴获机枪1挺，手枪、步枪50余支，打通南番顺三县的军事交通要道，拓展了西海抗日根据地的外围力量。

1945年5月，严尚民到香港治疗战伤，在《正报》以“公量”为笔名发表《珠江三角洲人民子弟兵的抗战史》；1947年后，在粤东地区参加抵抗国民党军队进攻的武装斗争，历任中共九连地区工作委员会书记、中共粤赣湘边区党委委员、粤赣湘边纵队参谋长。

1949年10月，严尚民率边纵独立第一、三、四团，从东莞乘船横渡珠江，在番禺县莲花山登陆，解放番禺、顺德、中山；11月，任中共珠江地委委员、常委；1950年1月，任珠江专署专员。他协助曾生等部署清匪反霸斗争，抓好政权建设。结合减租减息，组织农会和建立各种群众组织、恢复和发展生产。在土地改革中，严尚民结合珠江三角洲的特点，提出对华侨地主、工商业兼地主、沙田区二路地主的具体政策，强调注意掌握政策，

1953年11月至1966年，严尚民先后任华南分局交通运输部办公室主任，广东省人民委员会副秘书长，省交通厅第一副厅长，省工业厅厅长，省交通厅厅长、党组书记，省交通运输委员会副主任，省航运厅厅长；1978年后，任广东省对外贸易委员会副主任，广东省驻港澳办事处主任、党组书记，粤海公司董事长；离休后曾多次返回佛山指导编写《珠江纵队史》；1997年3月16日在广州市病逝。

谢立全（1917～1973年），又名陈明光，江西省兴国县樟木乡人；1929年参加中国工农红军，1930年加入共产主义青年团，1931年转为中共党员，1934年参加长征。土地革命战争时期，谢立全任红二十一军一二三团连政治指导员，红三军团第五师政治部青年科科长；抗日战争初期任抗日军政大学第三分校五大队总支部书记、二大队政治委员。

1940年6月后，谢立全受中共中央委派从延安到广东，任中共南番中顺中心县委委员，负责军事工作，任命为广游二支队司令部教官，参与组建广游二支队独立第一中队，与林锵云等率部队进驻西海，开辟中共在珠江三角洲第一个敌后抗日游击根据地；10月，指挥部队在沙湾涌边村与伪军激战，缴获步枪10余支；同月，任桃村横岸袁家祠第一期军政干部训练班班主任，并与严尚民、罗范群、林锵云、刘向东等授课；8月12日，率领36人的精干小队，夜袭里仁洞伪乡长李少棠巢穴，缴获长短枪10余支；10月17日，和林锵云、刘向东一道，指挥西海战斗。

1942年6至9月，谢立全在林锵云、谢斌、刘向东协助下，指挥广游二支队三袭林头伪顽军；10月，到中山领导五桂山敌后抗日游击战；1943年2月，成立南番中顺游击区指挥部任副指挥。1944年6月19日，谢立全与严尚民、卫国尧、郑少康等组成战斗指挥部，夜袭番禺新造伪区公所，袭击敌伪中心市桥镇。

1944年10月20日，谢立全与林锵云、罗范群、谢斌、刘田夫率主力大队，冲破伪军重重包围，到达高明、鹤山县抗日游击区执行新的战斗任务；11月14日，任中区纵队军分委参谋长；1946年，随部队北撤山东，任华东野战军第十六师、人民解放军第二十四军第七十师、第三十军政治委员。中华人民共和国成立后，谢立全历任华东海军第五舰队司令员兼政治委员，中国人民解放军军事学院海军系主任，海军学院第一副院长、院长；1955年被授予海军少将军衔，获二级八一勋章、一级独立自由勋章、一级解放勋章；1973年10月在北京辞世。谢立全著有《珠江怒潮》《挺进粤中》。

杜启芝（1916～1992年），容奇人；少时负笈香港，读“大馆”，从有名望的文人学习古典文学，喜爱诗词。其父在香港开办经营商轮伙食的宏记办庄，但他不愿在香港过舒适优越的生活，向往中国共产党所领导的民主革命。回乡后，高中时代的杜启芝在广州越山中学受左派作家、语文老师胡春冰的影响，参加秘密组织“读书会”，学习马克思列宁哲学思想；后毕业于中国新闻学院。1947年，杜启芝在容桂地区加入中国共产党。1949年初，国民党实行乡村自治，党组织提出由杜启艺参加镇长竞选，以便建立“白皮红心”的政权。在一批开明人士的帮助下，杜启芝最终以80%票数当选，使地下组织在容奇建立起两面政权。任镇长后，杜启芝在镇公所安插中共组织人员代替旧职员，在控制地方组织的同时控制地方武装，为后来顺德的解放发挥作用。中华人民共和国成立初期，他参与收缴黑枪、禁毒、禁赌斗争，后历任顺德县财委副主任、云端小学校长、华侨中学校长等职；在制糖、教育等方面作出贡献。

吕子良（？～1970年），容奇人，1938年加入中国共产党，中华人民共和国成立前长期从事地下工作，中华人民共和国成立后，历任顺德容良地区军管会副科长、军事代表，四区党委副书记，县委政策研究室负责人，土改委员会办公室主任，土改中队长，县人委文教科副科长，县文教部副主任，省委教育厅科长，县文教部、统战部副部长；1963年9月当选为顺德县副县长；“文化大革命”期间被诬蔑，遭受批判、关押。吕子良于1970年7月6日不幸辞世。1978年10月，中共顺德县委作出为吕子良平反的决定，并为吕子良举行追悼会。

黄佳（1914～1954年），东莞人，1936年参加中国青年同盟会，1937年加入中国共产党，任东莞县委工人工作部长、莞太区委书记；1940年，任东莞县委委员、组织部部长；1942年，任宝安县委书记；1944年，任宝安县特派员、东宝路西县委委员；1945年冬，任澳门中山特派员；1947年2月，任东江江北地委副书记兼任增、龙、从、博支队政治部主任；1948年2月，任中共珠江地工委副书记兼组织部部长；同年夏，任珠江地工委书记兼组织部部长；1949年4月下旬，主持召开乌泥塘会议，部署迎接南下大军解放珠江三角洲工作。中华人民共和国成立后，黄佳任珠江地委委员兼财经委副主任，规划兴建紫坭糖厂；1954年因病逝世。

李株园（1917～1993年），梅县人，出生于印度尼西亚泗水；1936年，入读广州金陵中学高中，秘密组织学联，开展抗日救亡活动；1938年11月，参加中国共产党。1940年3月，李株园担任广东省保安处政治大队支部书记；1942年，转往英德浛洸师范以教职作掩护，开展抗日活动；1946年2月，被委任为中共顺德县委特派员，恢复和发展顺德县党组织；1948年6月，任中共顺德县工委会书记，为中共珠江地工委迁入容奇镇准备工作；1949年3月，主持召开第一次县工委会议，作出迎接顺德解放的各项部署。顺德解放后，李株园历任顺德县军管会委员、县委副书记兼组织部长、县支前指挥部主任，开展清匪反霸，减租退押运动。

1953年4月后，李株园历任东莞县财委委员兼供销合作总社主任、东莞县副县长、中山县国营平沙机械农场副场长、广东省华侨农场管理局工业处长；1983年，离休；1990年3月，广东省委组织部批复李株园享受老红军待遇；1993年，病逝。

黄展平（1919～2006年），珠海斗门网山村人；1938年入党，历任中共斗门网山村党支部、中共斗门月坑党支部书记及网山青年抗日先锋队队长。随后，黄展平辗转番禺开展党的工作，1946年，到顺德容奇隐蔽，开展党的地下工作；1948年9月，任东村党支部书记，先后建立农会、读书会等秘密组织，为西区武装组织的建立打下基础。

顺德解放后，黄展平任顺德县六区委员会委员，六区区公所区长，并代理七区区公所区长，后任顺德县副县长、县委会副书记；1958年3月，任顺德县农业学校校长、县中医院副院长；1980年9月，当选为顺德县第七届人大常委会副主任。2006年，因病离世。

附录四 大事记

一、大革命时期和土地革命战争时期

1921年

8月　顺德县伦教籍冯菊坡加入中国共产党。

1922年

8月　顺德油业工人参加省油业工会发动的罢工斗争，要求增加工资。

冬　共产党人刘尔崧到顺德县发动工农运动。

1923年

5月　中共广东区执行委员会委员、中国劳动组合书记部广东分部主任冯菊坡，广东工会联合会干事刘尔崧到顺德开展工农运动。

6月　中国社会主义青年团、广东区委执行委员施卜到顺德，开展团组织建立发展工作。

7月　中共领导下组建的云路涌农民协会（对外称“云路涌改良蚕桑自治会”）成立。

秋　中共领导下组建的大良镇建筑、炭业、酒楼茶室、梳篦行业工会成立。

大良顺成隆碾米厂工人举行反迫害、争自由的斗争。

1924年

1月　中国社会主义青年团顺德支部成立。

2月　中国社会主义青年团广东区执行委员会委员长阮啸仙到顺德巡察工农运动。

3月　顺德首个农民自卫组织武装——大良农团建立。

4月1日　大良酒楼茶室工人开始举行要求增加工资、改善待遇的罢工，长达4个月。

5月29日至6月1日　李民智代表顺德出席青年团广东第二次代表大会。

6月23日　顺德团支部以顺德农会名义致电广宁农会，声援该县农民运动。

7月3日　李民智、郭新、周镇元、李元参加第一届农民运动讲习所学习，为期近50天。至1925年底，顺德先后选送5批35名学员参加学习。

8月　新滘口、蚬肉基、六湾社、白石、细岗、乌洲、西滘等乡村先后成立农民协会。

10月10日　广州商团叛乱，顺德县各地农民协会、农团参与平叛斗争。

11月14日　中国共产党顺德县支部委员会（简称“中共顺德县支部”）成立；随后，大良云路乡建立党小组。

1925年

2月3日　由共产党员主办的、设在大良的女工夜校开课。

3月　西滘乡广顺贞栈缫丝厂几百名女工举行反迫害的罢工斗争。

4月17日　顺德县农民协会（简称“县农会”）宣布成立。顺德县第一次农民代表会议召开，中共广东区委农委负责人阮啸仙出席。

5月1日　何秋如、罗溢、周镇参加第二次全国劳动大会；李民智、罗享、郭竹朋参加全省农民代表大会。

9月11日　广东农民协会强烈谴责顺德劣绅土豪、官吏、军队相互勾结残害农民，号召全省民众声援顺德农民运动。

9月13日　县农会在大良明伦堂举行廖仲恺追悼会。

9月　中共顺德县支部书记李民智以中央农民部特派员身份，向顺德县长交涉，并发动全县农民协会举行游行示威，迫使县国民政府释放县农会委员长郭竹朋。

12月29日　罗溢、何秋如、周冠卿参加省广东省各县市党部工人运动同志会。

1926年

1月　县农会召开农工商各界代表会议，向广东省国民党军委会和团务委员会提出控诉，要求罢免县民团团长吴近职务。

春　顺德县总工会成立。

5月　顺德县农民自卫军干部学校开学。

9月25日　勒流黄麻涌农军反击与劫掠300多名土匪。

10月22日　伦教反动老板唆使资方御用工会阻止工人罢工，杀害罢工工人。

之后，伦教工人代表向省民政厅请愿，要求惩治反动老板和杀人凶犯。后县署拘捕肇事行凶者十六七人，迫使资方履行工人提出的各项条件，解散资方御用工会。

11月7日　县总工会、农会及各界人士2万余人，集会庆祝俄国十月革命9周年大会。

11月12日　县总工会在大良召开纪念孙中山的群众大会。

1927年

1月　全县10个区全部建立起区级农会，下辖乡农会125个，会员近5万。

3月27日　县农军协同黄连等10个乡的农军，攻占勒流，击溃反动民团200多人。

4月15日　广东国民党反动派在广州发动反革命政变，顺德多名共产党员被捕。

4月16日　中共顺德县支部召开紧急会议，传达上级指示：党的工作全面转入秘密地下活动、党员重要干部立即疏散转移。

4月17日　大良国民党当局大肆搜捕共产党人和革命人士，彭成煊、马才等党员英勇就义。

4月18日　各地反动民团“围剿”、捕杀农会干部，康干雄、梁威寿、吴冠等28人壮烈牺牲。

5月　县农会委员郭剑华等4人，在水藤抗击反动民团进攻战斗中阵亡，黄荣石负重伤被捕杀害。

7月　中共顺德县委员会在霞石成立，并重新登记党团员。

12月　中共顺德县委员会组织力量，策应广州起义。

1928年

2月10日　中共顺德县委员会在番禺榄核召开第一次党员代表会议，选举产生新一任领导成员。

5月3日　中共广东省委决定，成立中共陈村市委，与中共顺德县委员会并存。

11月16日至24日　陈村党组织派出代表出席省委在香港召开的第二次扩大会议。

11月　因叛徒出卖，顺德党组织有14名党员被捕杀害，县委所属的基层组织被破坏瓦解。

12月6日　中共广东省委决定，省委候补委员吕汉泉兼任中共顺德县委书记。

1929年

年初　中共顺德县委员会改称为顺德县特别支部，秘密迁驻陈村；下设横岸、碧江、勒竹、大浦口4个党支部。

11月14日，顺德县特别支部改称为顺德县特别委员会。

12月2日，顺德县党组织复称为中共顺德县委员会，但由于形势险恶，隐蔽下来的党员基本与组织失去联系。

二、全面抗战时期

1937年

8月　疏散到顺德良教的省立女中的共产党员黄云耀、余慧，积极领导和推动顺德县的抗日救亡活动。

秋　广雅中学的中共党员黄万吉、岑振雄在碧江开展抗日救亡活动。

冬　中共广雅学校支部在西海、路尾围开展抗日救亡活动中，与大革命时期参党的杨森、罗享、梁虾取得联系。

1938年

3月1日　抗日同志会成立。

春　中共顺德县路尾围支部建立。

5月5日　八路军参谋长叶剑英在碧江振响楼，发表题为《把握住抗战胜利的基本条件》的演讲。

5月　中共南（海）顺（德）工作委员会（简称“中共南顺工委”）成立。

6月　中共龙眼和大良支部重新成立。

8月　各乡民众抗日自卫团相继成立。

10月　日军连续3天轰炸陈村，炸死12人，伤95人，毁屋157座。

11月中旬　林锵云在西海、伦教、大洲发动建立抗日武装。

1939年

2月19日　顺德人民抗日游击队在大良北门罗氏宗祠成立。

同月　中共南顺工委在顺德独州召开扩大会议，传达中共六届六中全会精神和广东省委、东南特委的批示。

5月至7月　顺德抗日游击队先后3次在大良伏击日本侵略军。

8月　广游二支队联合国民党第四战区挺进第三纵队攻占大良。

11月　顺德抗日游击队在西海扩军，组建起一个中队。

12月　日伪军迭受重创，撤至沙头、容奇。顺德抗日游击队与广游二支队及国民党所部进驻保卫大良。21日，广游二支队在金桔咀与从旧寨、苏岗进犯大良的驻容奇日军激战，击退日军的多次进攻，毙伤敌60多名。

12月29日　容奇坝头市党小组成立。

同月，顺德抗日游击队与俊杰同志社4次联合作战，伏击钟村、大山乡一带日伪顽军。

1940年

1月　广游二支队、顺德抗日游击队、国民党第一游第一纵队、地方武装团队等队伍组成防务统一指挥部（顺德游击临时指挥部），吴勤任副总指挥。

3月　中共南番顺工作委员会（简称“中共南番顺工委”）成立。

6月　中共南番中顺中心县委建立。

8月　中共广东省委委派军事干部谢立全、谢斌担任中共南番中顺中心县委委员，负责军事工作。

9月　中共南番中顺中心县委在西海桔围陈九家召开扩大会议，决定成立广游二支队独立第一中队。

11月13日　广游二支队击退驻番禺沙湾的李辅群伪军何健部近千人的进攻。

12月　广游二支队独立第一中队进驻西海。

1941年

年初　中共顺德县区工作委员会成立，下辖西海、西海妇女、谦益围、路尾围、九区仓门乡、龙眼6个支部。

2月　西海抗日救国姐妹会和婶母会成立。

7月　中共南番中顺中心县委第一期军政干部培训班在桃村横岸袁家祠举办。

10月17日　西海军民击退伪军第二十四师七十九团、八十团、补充一团和伪护沙部队共2 000余人的进攻，以少胜多，誉为“西海大捷”。

1942年

1月　西海抗日救国妇女会成立。

5月7日　广游二支队司令吴勤等人在陈村水枝花渡口遭国民党顽固派伏击，不幸遇害。

5月9日　广游二支队全体官兵发出《向各界同胞书》及《快邮代电》，揭露国民党顽固派勾结日伪，破坏抗战，暗杀吴勤的罪行。

同日　党组织公布任命林锵云被任命为广游二支队代司令。

7月　中共顺德县区工委被撤销。

10月，中共南番中顺中心县委在西海召开会议，总结广游二支队进驻西海后敌后游击战的经验，制定在南番中顺地区实行开辟新区和扩大抗日游击区的方针。

1943年

2月　南番中顺游击区指挥部成立。

3月　中共南番中顺中心县委被撤销，中共南番中顺临时工作委员会成立。

12月　中共南番中顺临时工作委员会改称中共珠江特别委

员会。

1944年

6月　中共领导的顺德都粘乡民主新乡政成立，下辖都宁、绿道、桃村、横岸、南平、西海6村。

7月初　广游二支队榄核中队、西海留守部队整编为广游二支队第五大队，又称顺德大队。

8月底　中共中（山）顺（德）新（会）边县工作委员会成立，隶属中共珠江特委，其中管辖顺德江尾和白藤一带地方。

10月　中共领导的“乌洲人民联乡办事处”人民民主政权成立，下辖乌洲、大洲、鸡洲、霞石、上植、南涌6村。

1945年

1月15日　广东人民抗日游击队珠江纵队公开宣布成立，顺德大队编入珠江纵队二支队所辖大队。

同月　中共珠江特委撤销，顺德地方党组织由珠江纵队顺德大队党委统一领导。

3月31日　日伪军7 000余人大举进犯顺德、番禺的珠江纵队部队，顺德大队在杀伤敌人后撤走。

5月10日　顺德大队与番禺大队、独立第三大队在南海县官窑黄洞村会合组成西江挺进大队，挺进粤北，执行中共中央关于建立五岭战略根据地的战略侨务。

三、解放战争时期

1946年

1月　党组织在桂洲里村中心小学秘密成立地下小组，岑君成任小组长；桂洲里村小学党小组成立。

2月　中共广州市委员会成立，顺德属其管辖下的郊二区。

2月　李株园任中共顺德组织的特派员，负责顺德党的工作。

3月　中共顺德县组织确定未来一个时期的工作指导方针：以容桂地区为中心，依托革命老区，依靠老区骨干，发展党的各项工作。

5至6月　中共顺德县组织先后两次发展桂洲华丰沙农民开展反迫害、争自由的斗争。

1947年

1月　杜启芝加入中国共产党，成为1946年后顺德发展的第一批中共党员中的一员。

2至3月　容桂党组织积极开展统一战线工作，发展一批党外朋友，与地方各派系人士建立起关系。

4至5月　顺德党组织划属中共澳门中山特派员领导。

6月　中共澳门中山特派员检查顺德党的各项工作。

8月　中共中山县三角支部成立，隶属顺德县特派员。

9月上旬　中共澳门中山特派员对顺德提出新的要求：创造一切条件，加快恢复与发展武装斗争，实行“小搞”，准备“大搞”。

10月　黄健出任杏坛滩南乡长，随后，黄健被批准入党，在顺德创建首个“白皮红心”乡政权。

11月　中共顺德党组织开始在容奇秘密策划组建武装队伍。

1948年

2月　地下党组织在容奇坝头市兴办英济小学，先后从中山县调入一批党员，使该校成为革命据点。

3月　党直接领导的武装力量——县谍报大队第九组在容奇成立。

6月　中共顺德县工作委员会成立。

7至9月　中共顺德县工委调派一批党员到杏坛工作，加快建立西部地区据点的步伐。

10月　在国民党中山县政府导演所谓“民选乡长”中，三角党支部发动广大村民，选出统战朋友简涛为乡长，从而掌控三角乡政权。

珠江地工委机关从澳门前往容奇。中共顺德县工委在容奇召开工作会议，总结一年来建立“白皮红心”乡政权和统战工作经验，提出在“反蒋（介石）”爱国的旗帜下，进一步推进统战工作。

12月上旬　中共珠江地工委书记黄佳到沙头乡巡视党的思想政治、武装组织工作。

下旬　中共顺德县工委在东村召开年度工作会议，部署来年工作。

1949年

2月23日　中共容奇镇机关党支部成立。

2月底　中共顺德县工委机关迁至东村。

3月　中共珠江地工委改称珠江三角洲地方委员会（简称“中共珠江地委”）。

4月底至5月上旬　珠江地委在容奇白泥塘召开扩大会议（史称“乌泥塘会议”），传达中共中央和华南分局高干工作会议精神，确定今后战略方针和工作部署。

5月　中共顺德县工委在东村召开工作会议，传达贯彻中共珠江地委乌泥塘会议精神。

7月　中共中顺边县工委与中共顺德县工委合并，仍称为中共中顺边县工作委员会，统一管辖顺德县和中山县的6个区；组建中国人民解放军粤赣湘边纵队顺德独立团。

8月　顺德县第八区农民协会联合会成立。

9月　大门、龙眼武工队深入到各村，开展政治宣传攻势。

10月　各路人民武装队伍集结在甘竹滩会师，公开顺德独立团番号。

10月23日　粤赣湘边纵队顺德独立团、中山独立团联合发出《警告国民党反动匪特恶霸书》。

10月27日　顺德独立团挺进容桂市区、通令国民党邓锷部驻军接受谈判，起义投诚。

10月28日　中国人民解放军粤赣湘边纵队一团进入大良，与顺德独立团会师，宣告顺德解放。

附录五 革命遗址的保护与开发

中国共产党在领导顺德人民进行新民主主义革命的过程中，留下许多珍贵的革命遗址，这些遗址包括党的重要机构旧址、重要时间、重大战役战斗遗址；具有重要影响的革命烈士的牺牲地或基地等，也包括中华人民共和国成立后兴建的纪念馆、展览馆和烈士陵园等纪念设施。这些革命遗址，铭刻着中国共产党人和顺德人民为民族独立和人民解放而英勇奋斗的光辉历程，蕴含着中国共产党人和顺德人民艰苦奋斗、不屈不挠、一往无前、敢于胜利的革命精神；是中国革命的重要历史见证，是宝贵的革命历史文化遗产。

中华人民共和国成立以来，中共顺德区（县、市）委、人民政府在推进革命老区建设的同时，十分重视革命遗址的保护、利用和开发，传承红色基因；2010年4月，组织专门力量，对全区革命遗址进行全面普查核实，顺德有革命遗址19个，其中（广东）省级文物保护单位2个、省重点烈士纪念建筑物保护单位1个，（佛山）市级文物保护单位1个，县级文物保护单位2个，（佛山）市级爱国主义教育基地2个。在普查的基础上，各级党委和政府部门加大遗址的修复、开发力度，扩大革命遗址的社会影响，使这些遗址成为爱国主义教育和革命传统教育的重要基地，激励全区人民进一步继承，弘扬党的光荣传统和革命精神。培育、弘扬以爱国主义为核心的民族精神和以改革创新为核心的时代精神，为全面建成小康社会提供强大精神动力。

大良农团和云路乡农民协会会址　原为天后庙，始建于明万历四十六年（1618年）。1923年秋，云路乡40多名青壮年农民组建起全县首支农民自卫武装——大良农团。随后，在此基础上成立云路乡农民协会，天后庙成为大良农团和云路乡农民协会会址。20世纪50年代，天后庙拆建为学校。80年代复建为天后庙，随后曾3次（1994年、2005年、2010年）重修。

中共顺德县支部旧址　位于顺德区大良街道北区梯云里。1922年冬，共产党员刘尔崧、冯菊坡、施卜在此居住，并开展工农运动。1924年1月，中国社会主义青年团顺德支部和中共顺德县支部相继成立后，此地随即成为党、团支部的办公地。20世纪90年代，因城市改造拆建，该房屋被拆毁。

顺德农民自卫军干部学校旧址陈列馆　位于顺德区大良街道凤山，原为三元宫，与西山庙相连，建于清代。1925年，该地作为顺德县农军干部学校校址。学校参照广州农民运动讲习所课程，先后举办6期干部培训班，培训学员300多人；1958年被定为县级文物保护单位；1985年，改建为顺德博物馆展厅；1995年5月，恢复为顺德农民自卫军干部学校旧址陈列馆。陈列内容共分为三部分：第一部分简介五四运动前，顺德人民反帝反封建的斗争；第二部分重点反映大革命时期中共组织在顺德的建立，发展情况及顺德的工农运动；第三部分主要介绍农军干校的情况及贡献；还展出顺德县第六区石岗乡农民自卫军本部、顺德县第六区沙富乡农民协会办事处木竖匾各1块，步枪8支，手枪4支，农民协会会员证章18枚等文物共50件。1994年12月，该陈列馆被中共佛山市委、市人民政府公布为佛山市爱国主义教育基地；2002年7月，被广东省人民政府公布为广东省文物保护单位。

大良女工夜校旧址　位于顺德区大良街道蓬莱路罗氏大宗

祠。1925年2月3日，女共产党员谭竹山、周冠卿、陈慕贞以国民党中央工人部和广东省妇女解放协会的名义，在该祠堂举办女工夜校，学员有60余人。罗氏大宗祠始建于明代，历代均有重修，现仅保存头进门楼，占地约130平方米，二、三进已毁。其石雕、木雕、梁架等均保留典型的晚清建筑风格。2006年10月，大良女工夜校旧址被顺德区人民政府公布为顺德区文物保护单位。

顺德县农民协会和顺德县总工会会址 原为崇报祠和胡侯祠，位于顺德区大良街道大良东路24号，现已改建为顺德第一中学大良初中部。1925年6月25日，顺德县第一次农民代表大会召开，县农民协会同时成立，会址设于大良镇县东路崇报祠。1926年春，顺德县总工会成立，会址设于紧靠崇报祠的胡侯祠。

顺德抗日游击队队部遗址 即位于大良北门的蓬莱小学（现在大良街道新基一路101号附近）。1939年2月19日，中共南顺工委策划成立顺德抗日游击队，队部设在蓬莱小学，并以该校教师罗永坚担任中队长。当年的5月、6月、7月，游击队先后3次袭击驻大良镇日军，后撤出大良，转移到西海开展斗争。该遗址已改建成商住楼。

中共南番中顺中心县委军政干部训练班旧址 位于顺德区北滘镇横岸村怡谋街袁氏大宗祠。始建于明代，清代重修，面阔三间13.6米，进深三进45米。1941年7月、1942年2月，中共南番中顺中心县委在该祠堂举办第一、第二期军政干部训练班，每期从各队抽调中小队级干部和战斗骨干40多人，进行为期3个月的培训。培训班设有作战的基本常识和利用地形地物、接敌动作、各种武器的性能和使用方法及战士的基本操练、游击战争的战略战术问题等军事课程和部队管理、教育与政治工作基本知识等政治教育课程。中共南番中顺中心县委书记罗范群，委员林锵云、刘向东、严尚民、谢立全等先后在此授课。2006年10月25日，袁氏大宗祠被佛山市定为文物保护单位。

中共珠江三角洲地方工作委员会机关旧址 原为中共党员、容奇镇长（“白皮红心”政权）杜启芝住宅，位于顺德区容桂街道容里居委会云端大街杜家巷（原称“乌泥塘”）。1949年4月，中共珠江地委从澳门迁至顺德县容奇镇。4月下旬至5月初，中共珠江地委在该处召开地委扩大会议，史称乌泥塘会议，传达学习了中共中央文件《目前形势和党在1949年的任务》，制定珠江地区《今后工作方针》。会议之后至9月底，该处成为中共珠江地委领导机关。庭院面积约1 000多平方米，四周种有果树，中间有青砖两层旧房一座，占地面积约60平方米，建筑面积约100平方米。2011年底，该旧址获中共容桂街道委员会拨款修缮。

振响楼——叶剑英发表抗日演讲旧址 又称“裕德堂”，为赵氏家族祠堂，建于明代，位于顺德区北滘镇碧江社区碧江大道19号。抗日战争初期，振响楼曾作为从广州疏散到顺德的广雅中学的校舍。1938年5月5日，八路军参谋长叶剑英在振响楼，向广雅中学和其他民众800多人作题为《把握住抗战胜利的基本条件》的演讲。该楼坐西向东，原为三间三进，现仅存中堂，占地面积2 403平方米，建筑面积1 787平方米；2011年定为佛山市爱国主义教育基地。

文武庙——西海军民抗击日军战斗旧址 位于顺德区北滘镇西海村桥南大街64号，占地面积约200平方米，建于清道光三十年（1850年）。1941年10月22日，日军出兵近千人，配3架飞机、大炮、炮艇，从广州乘坐船艇，分3路围攻西海。广游二支队第一中队政训员马启贤指挥战士埋伏在文武庙两侧，阻击从对面涌边进犯的日军。从早上7时持续至傍晚，广游二支队毙伤日军30余人。中共路尾围支部书记杨森、广游二支队第一中队政训员马启贤等12人英勇牺牲。

水枝花渡口——广游二支队司令吴勤遇害地遗址 位于顺德区潭洲水道陈村镇合成村陈村涌旁的水枝花渡口。1942年5月，国民党军队广东挺进第三纵队林小亚部，执行国民党第七战区司令长官司令部关于积极反共，捕杀中共南番中顺中心县委等领导人的密令，布置下属梁德明大队，勾结陈村汉奸欧荣，乘广游二支队司令吴勤和夫人霍淑英于5月7日从独洲乘船返回驻地陈村之机，预先派人在岸边埋伏。中午，当吴勤等人所乘小船经过水枝花河面时，数挺机枪突然射击，吴勤等3人惨遭杀害。

旧寨塔战斗旧址 位于顺德区大良街道太平山顶，原名太平塔，因邻近旧寨村，故名“旧寨塔”。建于明朝万历二十七年（1599年），青砖构筑，呈八面形，塔高7层共25.58米，底部直径10.8米，塔基边4.1米，塔基81平方米。塔身开24个孔，内部全空，形体朴拙坚固，能监视大良容奇一代敌情，战略位置重要。1945年2月19日，日伪军数百人，向旧寨村、南畔村进攻。珠江纵队二支队顺德大队旧寨中队2个班坚守旧寨塔居高临下阻击敌人，掩护部队转移。班长李国和战士苏雄、梁波、李卒仔、陈三珠5人以手榴弹和石头击退日伪军多次进攻。直至天黑，5名战士在火势熄灭时跳塔突围，安全返回大队部。1959年11月15日，中共顺德县委、县人民政府在旧寨塔脚兴建石碑，记载此次战斗。1987年10月，政府对该塔维修；1991年5月，该塔被县人民政府公布为顺德县文物保护单位。

顺德县革命烈士纪念碑 位于顺德区大良街道凤岭公园内的凤山山腰。为纪念第一次、第二次国内革命战争和抗日战争时期牺牲的烈士，1959年11月，中共顺德县委、县人民委员会建立此碑。1999年12月，为缅怀先烈、激励后人，顺德市人民政府重建碑体，扩建墓场。

水藤五烈士纪念碑 位于顺德区乐从镇水藤村口。1927年农历四月廿七日，广东省农民协会特派员郭剑华、顺德县农民协会指导员麦养寿、水藤乡农民自卫军何根养、黄结业、黄荣石5人为抗击国民党福军围击殉难于此。

1951年，水藤人民为怀念先烈，于当时农民自卫军驻地北营遗址，建立五烈士纪念碑，以留后人景仰。纪念碑高8米，宽2米，为水泥四棱梯形柱体。碑正面刻“革命烈士纪念碑”，正面镶嵌1块大理石的碑记，碑后有5块烈士墓石，分别刻有5位烈士名字。2012年3月，乐从镇人民政府拨款修缮扩建，占地面积约3 000平方米，祭奠平台占地80平方米，周围遍种塔松。每年清明节，乐从镇政府机关和村干部、学校师生齐集纪念碑前致祭先烈。

西海抗日烈士陵园 位于顺德区北滘镇西海烈士中路，为纪念抗日战争中抗击日本侵略者而牺牲的烈士而建。1951年，顺德县委、县人民政府在广游二支队所在地建立西海抗日战争烈士纪念碑，次年兴建西海抗日烈士陵园。

1980年，顺德县政府拨款50万元，扩建西海烈士陵园，面积增至3万多平方米，园内苍松翠柏，浓荫蔽日，气象萧森。主要建筑包括纪念碑、烈士墓、革命文物陈列馆。1995年，顺德市人民政府投入540万元，整体修葺烈士陵园，改造成集陵园、教育等多功能教育基地。每逢清明节、青年节、建党节、建军节，顺德乃至珠江三角洲地区的社会团体、学校师生来此瞻仰凭吊，年逾七八万人次。2005年后，旅游部门将西海烈士陵园与碧江名古村落联成一线，打造“红色革命旅游线路”，进一步扩大老区革命精神的影响力。

纪念碑位于陵园内的山冈上，碑高10米，碑座宽5米、长3米，正面刻有碑文为珠江纵队司令员、广东省副省长林锵云手书的“西海抗日战争烈士纪念”鎏金大字，左边刻有广游二支队大队党代表郑少康题词“识革命之真理流千秋之典型”，右边刻有南番中顺游击区指挥部副指挥谢立全题词“英雄壮志流芳千古”，背刻有“革命烈士精神永垂不朽”“中共顺德县委员会、顺德县人民委员会”。山冈设有花岗岩石质的墓碑。山冈中央建有花岗岩石的步级，拾级而上，直达纪念碑。远远近近的田畴阡陌，宽阔的珠江水道，尽在一览之中，追怀往事，有一种历史的凝重感。1982年，陵园被省列为文物重点保护单位；1989年被评为广东省重点烈士纪念建筑物保护单位；1994年被佛山市确定为爱国主义教育基地；2006年10月25日，被公布为佛山市文物保护单位；2015年被列入第二批国家级抗战纪念设施、遗址名录。

三洲抗日烈士纪念碑 位于顺德区伦教街道三洲社区文明西路钟灵岗南侧。1945年4月26日，广游二支队顺德大队从乌洲转移到南海县官窑镇黄洞村集结，途经乌洲桃九湾（今伦教街道新隆村）时遭遇国民党顽军袭击，12名战士牺牲。7月，广游二支队战士林铨训、梁牛被捕后，在乌洲渡口牺牲，广游二支队班长欧国良（乌洲人）被国民党逮捕，在监狱绝食至牺牲。珠江纵队北撤后，三洲有5名村民被杀害。中共党员、鸡洲谦围益地方民众抗日武装队队长郭基在大良北门遭林小亚部队逮捕后被杀害。

1996年3月，为缅怀烈士，伦教镇三洲办事处修建该纪念碑。2002年3月，伦教街道三洲社区对烈士纪念碑进行扩建和重修，重修后纪念碑高8米、宽1.9米，钢筋混凝土结构，碑座用红砖砌筑，大理石包面。碑身四面分别镌刻鎏金大字，纪念碑前建占地面积5 000平方米的广场。2002年该地进行扩建，成为面积达5 000平方米的陵园；2014年，在纪念碑东边建起梁棉（1927年参加中国共产党）旧居纪念馆，在西边建成三洲村史馆和顺德革命史展馆，成为街道对党员进行传统教育的基地。全街4 000多名党员先后到这里参观学习，2018年被顺德区委组织部定为全区党员教育基地。

东村革命老区纪念碑 位于顺德区杏坛镇东村公园内。1949年2月，中共顺德县工委机关迁至杏坛镇东村。5月，县工委在东村召开工作会议，传达贯彻中共珠江地委乌泥塘会议精神，作出恢复和发展农民协会、加强党的组织建设、壮大人民武装、做好统战工作的决定。随后，东村革命武装成立。顺德独立团进驻右滩后，东村汇合滩南各村的革命武装、协助顺德独立团驻防。为弘扬革命精神，2004年顺德区杏坛镇政府修建东村革命老区纪念碑和思源亭。纪念碑基长、宽各4米，记有东村的革命历史；思源亭占地20平方米。

后记

中国老区建设促进会决定组织全国编纂《革命老区县发展史》，广东省老区建设促进会、省老区建设办公室相关贯彻文件下发后，中共佛山市顺德区委、顺德区人民政府高度重视，2018年6月专门成立《佛山市顺德区革命老区发展史》编纂委员会及办公室，组建起编纂小组，拨出经费，并要求保证按时完成编纂任务。

本书相关编纂工作，由佛山市顺德区农业局（现改为区农业农村局）负责。在编撰过程中，编纂办公室和编纂小组成员全面查阅区档案局所藏的革命历史文献，参考《中国共产党顺德地方史（新民主主义时期）》《珠江纵队史》《顺德县志》《珠江浪潮》《珠江滚滚》以及林锵云、谢立全、严尚文、李株园等革命回忆录，广泛搜索素材，理清思路。2018年下半年，编纂人员冒着酷暑和严寒，深入老区召开老同志座谈会，瞻仰参观革命旧址。在此基础上，开始编撰工作。2019年1月完成初稿后，送交有关部门、革命老区党政领导和专家学者审阅，当年5月7日召开各老区村党政领导和专家学者参加的评审会议，并根据会上意见建议进行修改。2019年11月，广东省第二期《革命老区县发展史》书稿修改培训班举办后，再对书稿进行修改。

本书的编撰，得到杏坛镇、容桂街道、北滘镇、伦教街道领导的大力支持，革命老区村、社区同志悉心指导和提供珍贵的历史资料，杏坛东村、北滘西海村党政领导亲自主持座谈会，并带领编纂小组同志实地考察，中共佛山市顺德区委党史研究室、区档案局、区有关部门都给予支持和帮助。部分照片分别引用于中共广东省委党史研究室、中共佛山市委党史研究室主编的《广东省革命遗址通览·佛山市》及广东省自然村落历史人文普查的资料。在此，致以衷心的感谢。

由于编者人员水平有限，本书难免有错漏之处，恳请读者批评指正。

佛山市顺德区革命老区发展史编委会

2021年5月